職業は武装解除

瀬谷ルミ子

朝日文庫

本書は二〇一一年九月、小社より刊行されたものです。
文中に出てくる肩書、所属等は、原則として執筆当時のものです。

PROLOGUE　はじめに

私は三十四歳、職業は武装解除です――。

こう自己紹介すると、日本だけでなく、世界のたいていの人たちは、私が過激派系の人ではないかと一瞬疑いの目を向ける。核兵器関連のお仕事ですかと尋ねる人もいる。確かに、「武装解除」なんて、日常会話であまり使わない単語だ。

武装解除とは、紛争が終わったあと、兵士たちから武器を回収して、これからは一般市民として生活していけるように職業訓練などをほどこし、社会復帰させる仕事だ。武装解除の対象になるのは、国の正式な軍隊のときもあれば、民兵組織のときもある。そして、兵士といっても、六歳の子どもも兵もいれば、六十歳を超えた年配の兵士、武装勢力に誘拐された武器を持たない女性まで、さまざまだ。

外国に縁もゆかりもない家族に囲まれ、群馬県の田舎に生まれた私だったが、二十四歳で国連ボランティアになってから、気がついたら、アフガニスタン、ソマリア、スーダン、シエラレオネ、ルワンダ、コートジボワールなど世界各地の紛争地帯が仕事場になっていた。

世界には、百人ほどの武装解除の専門家が存在する。そのほとんどが国連職員なのだが、私が他の同僚たちと比べて少し変わっているのは、国連の他に、日本の外務省、NGO（非政府組織）団体などいくつもの組織を専門家として渡り歩いてきたこと、そして武装解除に携わる人々（国連職員や現地政府職員、兵士や警察官）を訓練する立場にもあるということだろう。三十歳だった二〇〇七年に国連を辞め、武装解除の枠を超えた紛争解決ができないかと、日本のNGOである日本紛争予防センター（JCCP：Japan Center for Conflict Prevention）の事務局長を務めた。二〇一三年からは、同組織の理事長となっている。

私は、人より優れたところがあるどころか、できないことがたくさんありすぎて、コンプレックスを抱えて生きてきたタイプの人間だった。ずっと、私一人の声なんて、どこにも届かないだろう、だったら行動するだけ無駄だろう、そう思っていた。

でも、高校三年生のときに、ルワンダの内戦の様子が撮影された写真を見て、なすすべもなく命を落としていく人々の様子と自分を比べ、自分には「自由に行動をする権利」があるということに気がついた。人生を自分の手で変えられる、その権利は、世界の誰もが持っているものではない。

どうせだったら、できることから、少しずつでもやってみよう。

その小さな決意の積み重ねを繰り返して歩いていたら、いつの間にか武装解除と紛争解決の仕事に行き着いていた。

紛争地にいると、一人ひとりの命の重さと人生の価値が、「人類みな平等」ではない現実に日々、直面する。ある紛争の被害者の数は、八十万人から百万人と推定されている。誤差の二十万人の人生一つひとつに、注意を向ける人は誰もいない。でも、その一人ひとりに、確実に人生は存在する。

私の教え子だったある二十三歳のソマリア人女性も、首都モガディシオで銃撃を受けこの世を去った。その直後、彼女の上司であるソマリア人のＮＧＯ職員は、静かにこう言っていた。

「この街で民兵に撃たれるというのは、残念だけど、交通事故に遭うようなものなんだ。でも、泣き寝入りするだけで動ける人が動かないままだと、何も変わらないんだ」

世界の紛争だけでなく、日本社会も、私たちの人生も、同じだと思う。行動しなければ、何も変わらない——。

どの紛争も、「あのとき他のシナリオを選んでいれば、あのときに誰かが行動を起こしていれば、声を上げていれば、違う結果になっていたかもしれない」と、後から振り返ってみれば、はっきりと分かる分岐点がある。

今の自分の状況、日本の復興、世界の紛争地の現状。何かがおかしい、何かを変える必要があると思うのであれば、まず、私たち一人ひとりが持つ「自由に行動できる権利」の使い方を考えてみてほしい。

最初の一歩を、勇気を出して踏み出すだけで、いろんなことが動き出し、見える世界が大きく変わり、出会う人々が大きな変化を与えてくれる。

何の取り柄もなかった私が、なぜ最初の一歩を踏み出すことができ、なぜ行動し続けてこられたのか。私のこれまでを振り返り、初めて一冊の本にまとめた。

この本が、誰かが最初の一歩を踏み出すきっかけになることを願って。

目次

職業は武装解除

II 武装解除の現場に立って

REALITY ON THE GROUND

扉写真撮影　千葉康由
文中写真提供　日本紛争予防センター
著者

職業は武装解除

今までのおもな活動拠点

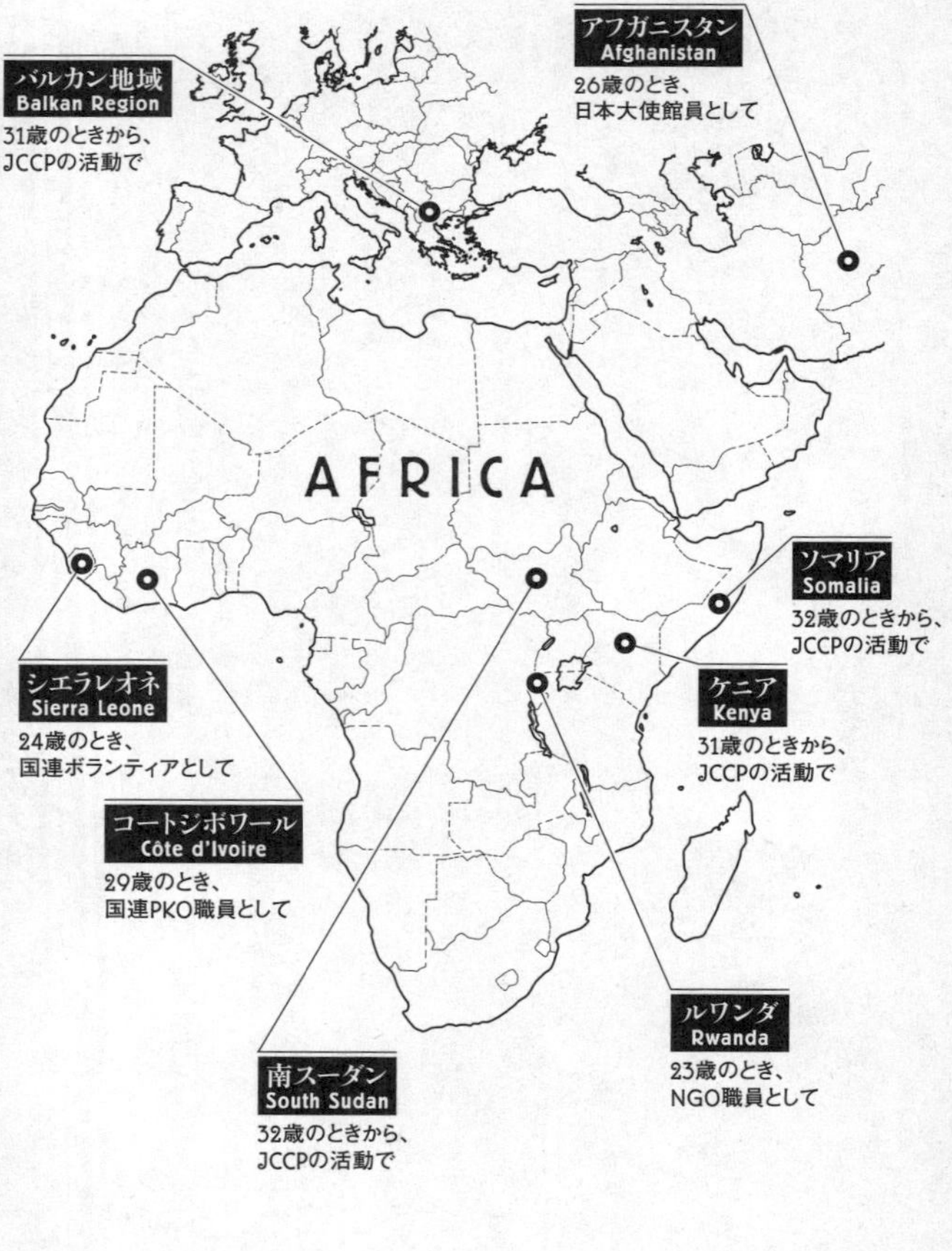

I SHORT STORY OF MY LIFE

群馬の田舎から世界を目指す

生意気だった子ども時代

私自身は、現在は海外を現場にする仕事をしていて、一年のうち三、四カ月は海外で過ごす。でも、私以外の家族は海外に行ったことが一度もないし、今もパスポートを持っていない。

私が生まれ育った群馬県新里村（現桐生市新里町）は、「今日はクマが出たので、パトロール中の猟師さんに気をつけて帰りましょう」と、下校時に学校の先生から注意されるような、自然に囲まれたところだった。一学年に四十五人の小学校。先生から注意されても、どうやって気をつければいいんだろうと不思議に思っていた。

両親と姉と弟の五人家族。勉強もスポーツも得意で学級委員も任されていた三歳年上の姉と、明るく活発でクラスの人気者だった三歳年下の弟に挟まれていたことが理由だと思うが、自分にはあまり取り柄がないことを小さい頃から自覚していた。そのくせに、はねっ返りの強い子どもで、親に口答えするのは朝飯前。小学一年生なのに六年生の男子とケンカしてアザだらけで帰ってくる。上級生の女子を泣かせて、先生に呼ばれたときに謝りに行くのはいつも姉の役割だった。両膝はいつも生傷が絶えず、かさぶただらけ。自分にあんな子どもが生まれたら、と想像するとめまいがする。慈善事業でも断りたい。

そんな子どもだった私は七歳のときに、一九八四（昭和五十九）年のカレンダーを見ていて、「大人が『あの頃に戻ってやり直したい』と思う『あの頃』が、今の私の年齢なんだろうな。将来大人になったときに、昔の自分を羨ましく思うような人生は送らないようにしよう」と強く決意した。なんでそんなことを考えついたのか、その理由はまったく思い出せない。ただ、その決意が私の原点のひとつになっていることは間違いない。

……ただ、やっぱりこんな生意気な子ども、絶対ほしくない。

当時、家には借金があった。子どもだった私には細かい事情は分からなかったのだが、生活にはあまり余裕がなかった。仕事から帰ってさらに夜遅くまで内職や副業を掛け持ちする母に、なかなか毎月の給食費の支払いを伝えることができなかった。姉弟と一緒に内職を手伝ったりもした。周りの同級生は何不自由なく生活しているように見えた。世の中って不公平なものなんだな、とさめた気持ちで感じるようになっていた。

我が家の生活が大きく変わったのは、私が小学六年生のとき。当時小学三年生だった弟が、脳内出血で倒れてから だ。弟が意識不明のまま病院に運ばれ、執刀医は両親に「助かる見込みはほぼない」と告げた。しょっちゅうケンカをしていた弟だった。現実味がまったくなかった。

私が病院に着いたときには、弟は昏睡《こんすい》状態でベッドに横たわっていた。病院で会った弟は、手術のため坊主にされ、脳内の血を抜くためのチューブが頭に刺さった状態だった。包帯でぐるぐる巻きにされた青白い顔が、弟に見えなくて、涙が止まらなかった。

後から知ったが、弟が何週間も目を覚まさない間、私たちの前ではいつも明るく気丈だった母が、弟の生命維持装置を外して自分も命を絶とうと思いつめたこともあったという。

一カ月後、弟は奇跡的に意識を回復した。ただし、右脳の大部分が損傷したため左半身麻痺《まひ》となっていて、一年ちかく入院生活を送ることになった。弟の治療のため日々の医療費が必要になった。九歳だった弟は、家計を考え、「歩行補助の装備に十万円使わなくても、自分がその分リハビリを頑張るから大丈夫」と、自分の努力で家計の負担を軽くできるようにと歯を食いしばって取り組んでいた。

父も仕事を増やして働くようになったため、帰りが遅くなった。病院にほぼ寝泊まりしていた母の代わりに、私の面倒を見てくれたのは当時中学三年生の姉だった。この時期に私自身が不自由した記憶はほとんどない。姉は高校受験、部活動、家事を同時にこなしていた。不満ひとつ口にせず、負担の多くを姉が引き受けてくれたのだ。

人生が変わった瞬間

私が紛争解決の仕事をしたいと思ったきっかけは、高校三年生になったばかりの春に起こった。

ひねくれ者精神の延長だったのか、小学生の頃から、みんなが知らないようなこと、興味を持たないような「未知のもの」に目が向かう子どもだった。他の人がしないようなことをすれば、自分も活躍できるかなと思っていたからだ。当時、外国というものは私にとって分かりやすい「未知のもの」だったので、地図帳で世界の果ての国々を眺め、社会科の資料集にアフリカの写真を見つけては、わくわくしていた。

中学生になった頃から、自分は苦手なことを克服するより、得意なことを伸ばすほうがやる気がでるタイプだと感じるようになっていった。もともと運動神経が良くなかった私は、同じソフトボール部で一年生の時から試合に出場するほど活躍していた姉にはかなわないと思い、スポーツより勉強に時間を割くようになった。知らないことが学べて、やればやるほど成績に跳ね返ってくるのが楽しくて、学校から帰るとすぐ机に向かう。とくに、一番身近な「未知のもの」である英語の勉強に没頭するようになり、大人用の英語教材をお年玉で買っては勉強を続けた。

苦手科目を克服するより、好きなことに一極集中したほうが数少ない自分の強みを伸ばせる、と思い、そのために弱みを手放す傾向がますます強くなっていった。高校生になった頃には英語の偏差値が八十なのに対して、数学はその半分の四十になっていた。いつもは私の成績なんてあまり気にしない母親もさすがに心配していた。

皆が、進学する学部や大学をそろそろ決め始める高校二年生になっても、私はまだ理系か文系かも決められず、日々ああでもない、こうでもないとふわふわと考えているだけだった。

弟の病気のこともあるし、医者になったら親は喜ぶだろうな……と漠然と思うことはあった。でも、医者に本当になりたいかというと、よく分からなかった。

誰かのためにという理由だけだと「私はあなたのために人生を捧げたのに！」とホームドラマにありそうなセリフをいつか言い出しそうだ。それに、数学の成績がさすがに壊滅的すぎる。自分が好きなもの、興味があるものを突き詰めたほうがいい。

動物が好きだから、獣医はどうだろう。でも、よく考えると動物を治療したいんじゃなくて、動物を可愛がるのが好きなだけだ。しかも、獣医にも数学は必須だろう。

英語を使う仕事が一番しっくりくるんだけど、通訳や翻訳家くらいしか思いつかない。それに、悔しいけれど、帰国子女や留学経験者の英語力にはかなわないだろう。何か、プラスアルファの要素が必要だ――。

小さい頃からの「他の人とは違うことをしたい」という思いと、「自分だからこそできることって何だろう」という問いがずっと頭に渦巻いていた。

そして、何も決められないまま、高校三年生になった四月。私の人生を決める出来事が起こった。

一九九四年の四月。新聞をめくっていた私の目に、ある写真が飛び込んできた。アフリカの小国ルワンダで発生した大虐殺《ぎゃくさつ》、その難民キャンプの親子の写真だった。コレラで死にかけている母親を、泣きながら起こそうとしている三歳くらいの子どもの姿に、強い衝撃を受けた。

私と彼女たちの間にあるのは、カメラのレンズひとつ。

その母親は、ひどく衰弱していた。傍らで泣き叫ぶ我が子を抱き寄せることもできない。もう長くはないだろう。

高校三年生の私は、お菓子を食べながら、死にゆく彼女を眺めていた。

この瞬間、私の中で、たくさんの「なぜ?」という思いがあふれ出てきた。

お茶の間でお菓子を食べながら、紛争地の現場を眺める私という構図。死にゆく人々は、レンズの向こう側で、数十億の人々が眺めていることすら知らずに、息絶えていく。

なぜ?

私が日本の首相だったら、ありったけの飛行機にめいっぱい医薬品と食料をつめ

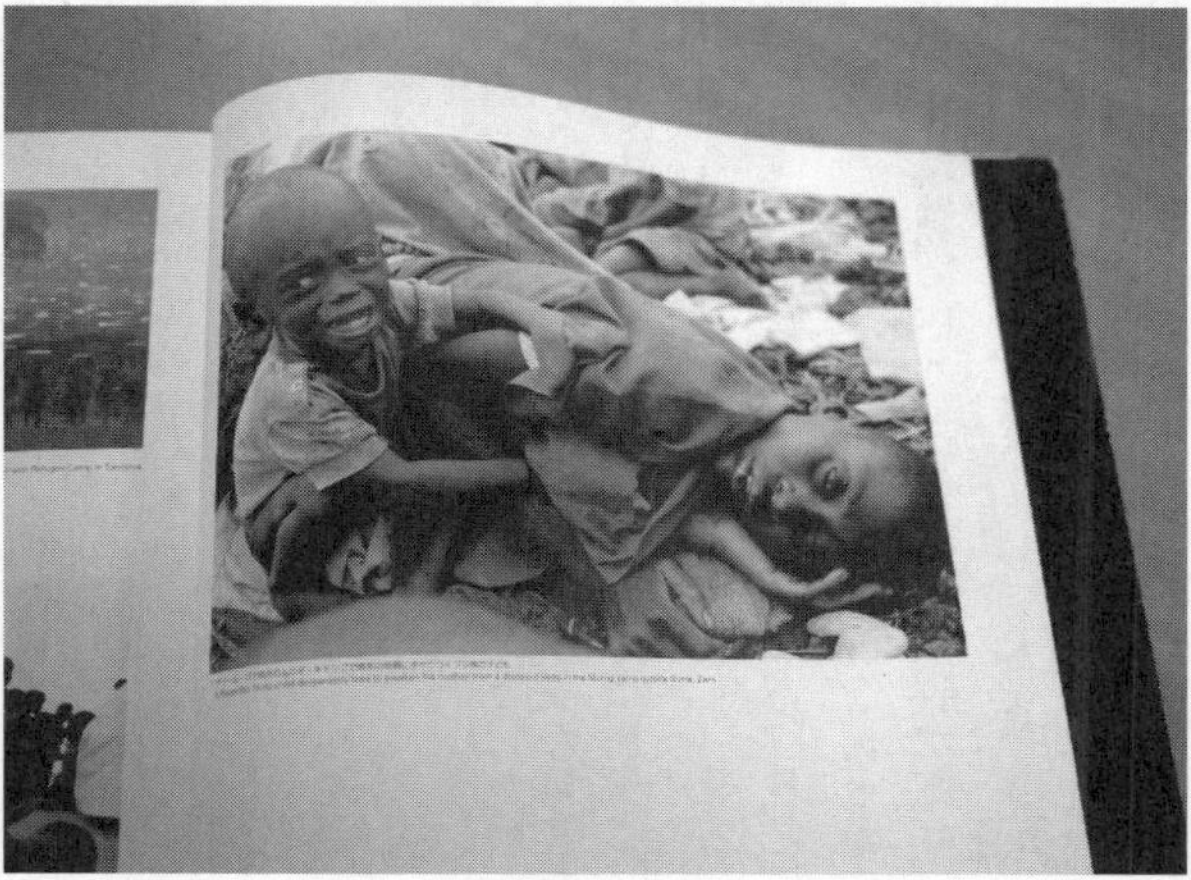

これが進路を決めた写真。新聞で見た写真が収録されている写真集をネットで探して購入した。

て、現地に飛ばすのに、そんなことをしている国はない。

なぜ？

どうやら、世界のしくみは、世間知らずな私には想像もつかないくらい複雑なようだ。この疑問の答えを知りたい、そう思った。

同時に、自分より権力のあるものに翻弄《ほんろう》される人生を送る人々という構図が、自分自身にも当てはまる気がした。

当時の日本は、政治家の汚職事件や消費税値上がりなどが日々ニュースで取り上げられている時期だった。家計や将来を考え、不安な毎日を送っていた。結局、権力を持つ人たちがすべて好き勝手に決めて、庶民はそれに従うしかないんだろう、高校生の自分はちっぽけな存在だ、と感じていた。

奇妙な親近感を難民キャンプの親子に感じた一方、私と彼女らの決定的な違いにも気づいた。私は、努力さえすれば、自分で状況を何とか変えられる社会に生きている、ということだ。私には、彼女らにない選択肢があり、すべては、自分の手の中にある。そして、それを生かすかどうかは、自分次第だ。

日々のニュースを眺めて、嘆きながら救世主が現れるのを待つのではなく、自分が状況を変える側になるということ。その写真は、私と世界がつながる窓となり、カメラの向こう側の紛争地を変えるために自分が動きだすきっかけの一枚となった。

目標は定まった。すぐに紛争解決について勉強できる大学を調べた。けれど、当時の日本には「紛争問題についてさえ専門的に学ぶことのできる」大学はなかった。現場でこれだけ助けを必要としている人がいるのだから、絶対にニーズはあるはずだ。もしかして、なり手がいないということは、私が専門家になったら必要とされるんじゃないか――。

そう考え、国際的なベースがありながら何でも学べそうな中央大学の総合政策学部に進学することにした。私立大学だったので、学費を考えると相当悩んだが、母が全面的に応援し学費を工面してくれたのと、奨学金を得ることができたため、希望をかなえることができた。ちなみに、中央大学受験の日に私は財布を家に忘れて高崎駅（自宅から車で一時間はかかる）に行ってしまい、駅員さんに新幹線代一万円を借りて東京都八王子市の受験会場に向かうという綱渡り受験だった。

その後、弟は無事に退院したが、生活する上で、自らの努力ではどうしようもないことにもたくさん直面していた。例えば、車の運転。群馬県は、公共交通機関が限られていることもあり、全国で最も自家用車の保有率が高い。ほぼ一人一台車を保有しており、十八歳になると誰もが免許をとり、車を購入する。しかし、弟は左目の視力がほとんどなく視野が狭いため、車の免許を取ることができなかった。

検査の帰り道、母はこらえきれずに涙を流した。年頃になったら、彼女を隣に乗せてドライブしたかっただろうに、それをかなえてあげることもできない。車の装備を改造して乗れるようになるなら、必死に働いていくらかかってでもそれを実現してやるのに、視力はそれ以前の問題なので打つ手がない……。

弟は、そんな母に向かって言った。

「俺が泣いてないんだから、おふくろも泣かないで。病気になったのが、男である自分でよかった。お姉ちゃんたちだったら、女の子だから、自分よりもっと生きていくのが大変だったと思う」

三歳年下の弟は、現在は地元の社会福祉事務所にある作業所に勤めている。左手を使う手作業はできないが、リハビリにより、自力で歩いて職場まで通えるようになった。

私は、紛争地で仕事に取り組む上で、「やらない言い訳をしない」ことをポリシーにしている。その原点は、私のもっとも身近な家族が困難な人生に立ち向かう姿勢を見てきたことにあると思う。やらない言い訳をすると、困難に直面したときに、問題を解決するために何ができるか突破口を考えることから逃げてしまう。そして、その問題がどんどん難しく見える原因を自分が作ってしまう。そしてそのことに、本人は気づかない。

「できない」ことと「やらない」ことは決定的に違う。「できない」ことは、自分の能力や環境、その他の外部条件が原因のこともある。「できない」ことは、場合によってはあきらめるしかない。ただ、今はできなくても、努力して将来できるようにすることが可能な場合もある。

一方、「やらない」ことの原因は自分の気の持ちようを変えるだけで解決できる。

家族が今まで乗り越えてきたこと、あきらめざるを得なかったことを思い出すと、自分の抱えている問題がちっぽけに感じられることがある。自分が問題に直面するたび、それは自分が「できない」ことなのか、「やらない」から難しく見えるだけなのかを考えるようにしている。

私は、今まで子どもの頃から私を含めた家族が経験してきた生活について、ほとんど人に語ってこなかった。「そういう生い立ちだから他人を助ける仕事を選んだのだ」という単純な理由付けをされたくなかったし、同情や憐《あわ》れみの対象にされたくないという気持ちも強かったからだ。

同僚からは、紛争地で悲惨な現実に直面しても、感情的にならず淡々としていることが多いとよくいわれる。それは自分の仕事は同情することではなく、人々の抱える問題を解決するために行動することだとつねに思っているからだと思う。

コンプレックスをバネに

中央大学に入り、八王子のキャンパス近くの東京都日野市のアパートに一人暮らしを始めた。初日に初めて自分が作った料理は涙が出るくらい壊滅的にまずく、親のありがたさをしみじみと感じた。

大学には、紛争問題が専門の教授はいなかった。幸い、図書館に英文の専門書がいくつかあったので読みあさるようになった。数少ないアフリカの紛争に関するセミナーや、学外の研究機関が行っている情報を探しては、研究者の人に話を聞きに行く機会を作った。

私が大学にいる間に目標にしていたことの一つが、「ルワンダに行く」ことだった。自分の世界観を変えた原点であり、報道写真を通じて私と世界が初めてつながった、その先の世界を実際に見てみたかった。ルワンダに行くには、まず英会話を実用レベルにしなければいけない。私が目標とする仕事にとって、英語はコミュニケーションのための道具だ。腕のいい職人は、一流の道具を求めるものだという。じゃあ、私も、自分の道具を今から磨いておいたほうがいいに違いない。

私が入学した総合政策学部は、ＴＯＥＦＬという英語のテストを受け、その点数によって能力別にクラス分けが行われていた。一番上のクラスは留学経験者や帰国子女の生徒ばかりで、私は上から二番目のクラスだった。外国人と直接話したこともなかったから、ある程度予想できたとはいえ、相当ショックだった。でも、環境や育ちでできた差を理由にあきらめるのは悔しかった。このコンプレックスをバネにした。おしゃれなカフェにおいてあるフリーペーパーで各国の大使館や東京に住む英会話教師の行うイベントを探し、勇気を出して飛び込むようにした。試験や資格のための英語の勉強はせずに、もっぱら英語を使う実践の機会を増やしてすごした。

大学時代は、それなりに学生らしく遊びつつも、英会話の実践のために海外での経験をつむことを最優先していた。大学のサークルには一切入らず、勉強以外の空き時間はアルバイトを掛け持ちして、貯めたお金で休みに海外に行った。多いときには月に二十万円ちかくの収入があった。電話オペレーター、英語の模擬試験の採点、ビールの試飲キャンペーンなど、ジャンルを問わずアルバイトをやってみたけれど、一番気に入っていたのはある大手デパートのお中元の注文受付係だ。一見問題児っぽい高校生が恥ずかしそうにお世話になった先生に何を送ったらいいか相談してきたりと、いろいろなドラマがあって奥が深かった。

世界への第一歩

人生初めての海外旅行は、大学二年の夏休みに行ったアメリカ横断旅行だった。相変わらず人とは違うことをしたいという思いもあり、短期間で異文化に慣れる対症療法にしたくて、ヨーロッパやアジアからの外国人十人でニューヨークからロサンゼルスまで一カ月かけてワゴン車で移動しながらテント生活をするという現地ツアーに申し込んだ。

ツアーに参加する三日前から、ニューヨークのマンハッタンの外れにある安宿に泊まった。その宿には、十人ほどの日本人がコミュニティを作っていた。学校に通うため、日本に嫌気がさしたから、とニューヨークにやってきた理由はいろいろだった。衝撃だったのは、みんな宿からほとんど出ず、朝から晩までテレビを観ながら日本人同士で話をする生活を数カ月以上送っているらしいことだった。世界の壁を乗り越えるのはそんなに大変なんだろうかと、にわかに心配になった。

私が参加した現地ツアーは、アメリカ人男性のコーディネーターの他に、最大派閥のドイツ人、日本人、マレーシア人が参加していた。アメリカのイエローストーン、ヨセミテなどの国立公園や観光地も訪問するが、普段はキャンプ生活。テントの組み立て、買い出し、食事の準備などはみんなでやった。

外国人と生活するのが初めてだった私は、ニューヨークで見た日本人たちの姿を思い出し、最初の一週間は遠慮しながらおとなしく過ごしていた。一方、ドイツ人たちは、コメは食べたくないと食事メニューの変更を要求したり、行き先を変えることを提案したりと、好き放題だった。そして、とくに同い年のドイツ人の男性二人組が悪ガキのノリのちょっかいを出してくるようになった。でも、うまく言葉が出てこないので黙っている私。私が嫌がっているのに、なんで気づかないんだろう。日本人だからって馬鹿にされてるのかな。きっとそうだ……。

ある日、移動中の車の中で寝ている私の髪を、騒ぎながらしつこく引っ張るという小学生顔負けのいたずらをする二人に、今までの我慢がたまっていた私はとうとう叫んだ。

「いいかげんにしろ！」

シーンと静まり返る車内。ああ、やっちゃった……。

自分の大人げなさに恥ずかしくなった。とてつもなく、気まずい。

でも、これをきっかけに私も開き直り、一気にドイツ人グループと打ち解けた。よくよく考えると、何を考えているのか分からない私への、彼らなりのコミュニケーションの取り方だったのかもしれない。言いたい放題に見えたのも、正当な自己主張だ。異文化コミュニケーションって、だまし絵のように自分から勝手に難しいものと思い込み、錯覚《さっかく》してしまいがちなのかもしれない。

最終的には、この二人組とは、お互いのテントに罠を仕掛け合ったり、残った食事を巡って鍋の奪い合い競争をしたりするくらい仲良くなった。そして、一カ月の間に私の体重は六キロほど増えていた。アメリカ食、恐るべしである。

目標の地・ルワンダへ

　こうして少しずつ英語に不自由しなくなった。しかし、ルワンダに行くにしても、現地と私をつなげてくれる人が必要だ。アフリカ関係のイベントにボランティアとして参加するうちに、ようやくルワンダに何度か行ったことがある人と出会い、現地でホームステイさせてくれるルワンダ人家庭を紹介してもらうことができた。ただ、家族には心配を掛けるので、ケニアのサファリに行ってくると伝えて旅立った。

　ルワンダでは、一九九四年四月に多数派のフツ族による少数派のツチ族への虐殺が発生し、およそ百日間で八十万人以上が犠牲となっていた。そして報復を恐れた住民たち二百万人以上が難民となり、近隣国へ逃れる事態となった。

　その大虐殺からおよそ三年後の一九九七年、大学三年生の夏に、ルワンダの首都キガリの空港にたどり着いた。どきどきしながら飛行機のタラップから降り、最初の一歩を踏み出したときのことは今でも鮮明に覚えている。

　とうとう目標だったルワンダにきた！　単身で向かう不安より、嬉しさのほうがはるかに勝っていた。

しかし、そんな明るい気分だったスタートとはうらはらに、ルワンダに着いて数日のうちに私が気づいたのは、「自分は役に立たない」ということだった。

何か現地の人たちのためにできることがあると思っていた。虐殺当時の話を人々にストレートに聞いてもみた。でも、私の質問に、多くの人が口をつぐむ。よく考えれば分かることだが、部外者にすぐに心のうちを吐露《とろ》できるはずがなかった。月日が流れても、人々の心の傷はまったく癒《い》えていなかったのだ。

気がついたら、三度の食事を楽しみにしながら子どもたちと遊んで過ごす毎日。あれ、私、何しにきたんだっけ……？

私がホームステイさせてもらった家は、女の赤ちゃんが生まれたばかりの中流階級の夫婦が住む家だった。旦那さんが英語に慣れていなかったので、私は奥さんを経由して会話をしていた。ラジオから流れてきた賛美歌に、「これは何のための歌？」と尋ねると、「虐殺の被害者のことを想っての歌よ」と答える奥さん。「虐殺について、何て言っているの？」と訊いても、その後は黙ったまま。彼女は、大量に虐殺された側のツチ族出身だった。

外国人である私に安心してか、時には普段は表立って言えない話をしてくる人もいた。「今のツチ族主体の政府は、加害者だった俺たちフツ族を監視してる。ホテ

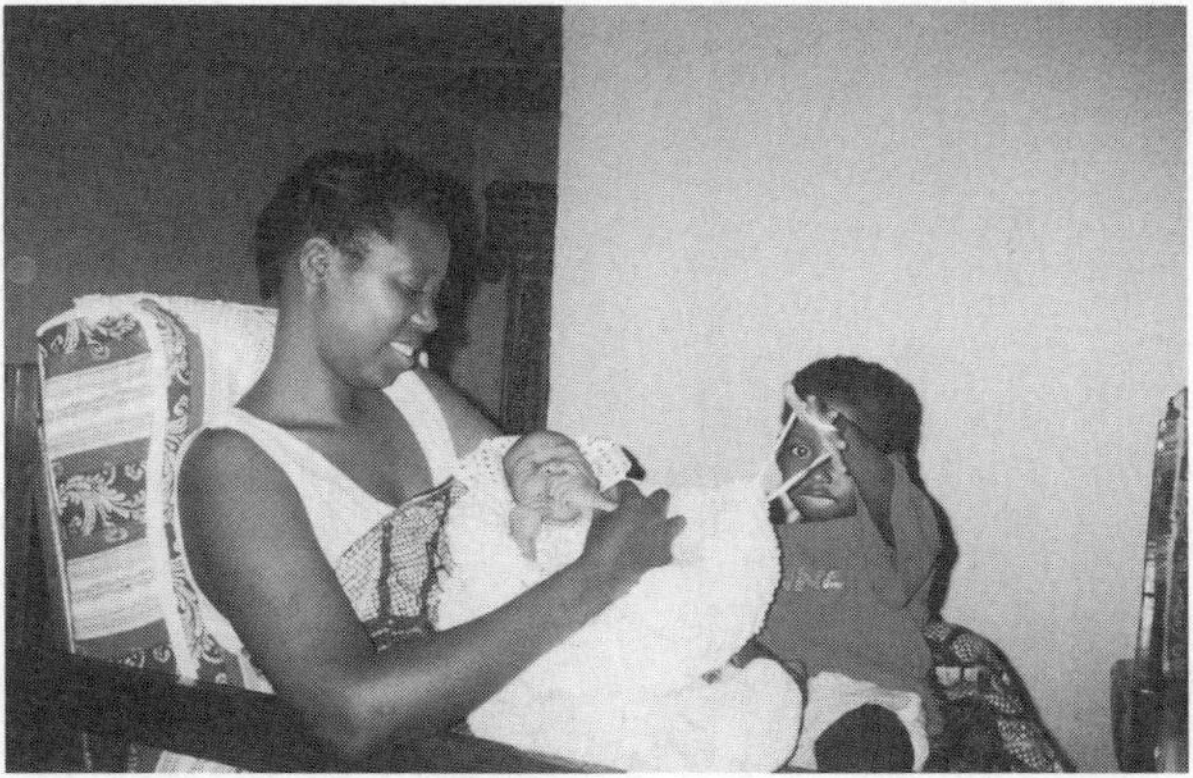

ルワンダのホームステイ先の家族。

ル・ミルコリンのレストランは、ウェイターが全員客の会話を盗み聞きして、政府に通報してるって噂だ」。そう周りをうかがいながら声を潜めて話してくれたルワンダ人男性に、私は「へえ……大変だね……」という、なんとものんきなコメントしか返せなかった。

要は、若造の私には、彼らの問題を解決するスキルが何もなかったのだ。好奇心だけで人々の心の中を土足で踏み荒らした挙げ句、「良いことをした」と自己満足して帰国しようとしていた。もし本気で現地の人々の抱える問題の解決に貢献したいなら、そのための技術や経験が必要だという当たり前のことに、私はこのときようやく気づいたのだった。

「肩書も所属も関係なく、身一つで現場に放り込まれても、変化を生める人間になる」

ルワンダを訪れた二十歳のときに強く感じたこの思いが、私の仕事の目標になった。

帰国後、できるだけ実務能力を身につけたくて、ルワンダへの支援活動を行っているアフリカ平和再建委員会（ARC）というNGOでインターンを始めた。最初はコピーの取り方すら分からないスーパー素人だった。けれど、専従の職員がいない組織だったので、自分ひとりで業務を行ううちに、段々と事務能力は身についていった。

「専門」を決める基準

日本の大学では紛争解決を学ぶ機会がなかったので、卒業後はすぐに海外の大学院に行きたかった。国際機関で働くには、修士号を持っているほうが有利だと言われている。一旦は、企業に就職して働こうかとも思った。けれど、私の性格を考えれば、やりたいことを選ばないと、数学の成績のようにとてつもない落ちこぼれになるのが目に見えている。

その頃、新聞で偶然、イギリスのブラッドフォード大学に「平和学部」があり、「紛争解決学の修士号」が取れることを知った。志望する大学院はすぐ決まった。ただ一番の心配は学費だ。大学時代にアルバイトで貯めたお金と奨学金でも足りなかったのだ。

母はこの時も、私のやりたいことを全力で支えてくれた。普段の仕事の他にアルバイトを掛け持ちしてこつこつと貯めていた貯金を、留学資金に充ててくれた。自分の希望をかなえられる嬉しさの半面、自分は家族を犠牲にして好き放題しているのではないかという罪悪感も強くなっていた。

大学院に進学するうえでもう一つ考えなければならなかったのは、紛争解決の分野で今後五年、十年にわたって自分の専門とする分野をさらに絞ることだ。どういうテーマを選ぶかで、先見性があるか、センスがあるかを教授たちに判断され、合否にも影響するに違いない。専門を決めるうえで、私がこだわった条件は、「ニーズがあるのにやり手がいない分野」だった。衛生、母子保健、教育、栄養改善などは当然現場でのニーズが高い。でも、これらの分野には、私が一からその分野を開拓しなくても、専門家がすでにたくさんいる。現場で解決策がない問題こそ、新しい専門家が必要だと思っていた。

そうは言っても、アイデアがあるわけではない。図書館で専門書を読みあさり、国際機関や海外のNGO、研究所のウェブサイトから情報収集する日々が続いた。自分のアンテナに引っかかるテーマはないだろうか。

インスピレーションは、何の前触れもなくやってきた。三カ月ほど経ったある日、私はいつものように複数の外国のウェブサイトの新着記事を巡回していた。頭の中にいろんな知識や情報が日々たまっていき、ぐるぐるして飽和《ほうわ》状態だ。そして、私は、ある一文を目にした。

「紛争地では、元兵士や子ども兵士をいかに社会に戻すかが問題となっている」

これだ！　と声を出していた。無条件にピンときたとしか言いようがない。しかも、これだけ紛争解決や平和問題についての情報を見てきた私が初めて目にしたのだから、まだメジャーな問題ではないのだろう。日本でこのテーマの話をしている人を見たこともない。そして、国際的にも解決策が分からないのなら、自分がそれを専門にすれば役に立てるはずだ。

これが、後に私の専門となるＤＤＲ——兵士の武装解除（Disarmament）、動員解除（Demobilization）、社会復帰（Reintegration）——のことを知った瞬間だった。ただ、この時点では、ＤＤＲという単語さえも、そこには書かれていなかった。

和平合意が結ばれて紛争が終わっても、それだけで人々が安全に暮らせるわけではない。紛争が終わるということは、兵士にとっては、明日からの仕事がなくなるということだ。ただでさえ、紛争の直後は、家や工場、道路などが破壊され、仕事もなく家族を養うことができない人々であふれる。そんな状態で、手元に銃があり、戦い方を熟知している兵士たちの不満が爆発するような状態が続いたら、また武装蜂起《ほうき》して争いに逆戻りする危険がある。それを避けるため、兵士や戦闘員から武器を回収し、除隊させたうえで、一般市民として生きて行けるように手に職をつける職業訓練や教育を与える取り組みが、ＤＤＲである。

ブラッドフォード大学に、兵士の社会復帰を研究テーマにしたいという志望動機書を提出した。どきどきしていたが、二週間ほどで合格の返事がきたので、拍子抜けしたのを覚えている。幾つか念のため応募した他の大学院のうち、奨学金を出すと言ってくれたところもあった。私の方向性は、間違っていないのだと安心した。

イギリスの大学院は十月入学のため、大学を卒業してから留学までの間はＮＧＯ活動でインドネシアの選挙監視に行き、実務経験を少しでも積むようにして過ごした。

イギリスで学んだ「紛争解決学」

ブラッドフォード大学は、イギリス北部の湖水地方の近くにある。平和学で世界的に有名で、欧米や日本以外にアジア、アフリカ、南米などの紛争地からの留学生六十人ほどが同じ修士課程に所属していた。国際赤十字の医師や元国連ＰＫＯ兵士だったデンマーク人、イギリス人の元空軍パイロットがいたと思えば、カンボジアから元民兵もやってきている。初日の自己紹介から衝撃を受けた。

この人たちに比べたら、私の経験なんて吹けば飛ぶようなものだ。そして、英語もネイティブにはかなわない……。自信を喪失し、「素人だから、日本人だからって見下されているんじゃないだろうか」という、被害妄想ノンストップ状態になり始めていた。

でも、私の留学を応援してくれている家族のことを考えると、くよくよしているわけにはいかない。できることから始めて自信を少しでも回復しようと、同じ寮にいた日本人同級生と話し合って、留学中は二人きりのときも英語で話すことを決めた。また、地元のイギリス人に日本語を教えるボランティアを始めた。じっと悩んでいる時間をなくし、忙しくすることで前向きになりたかった。

授業の内容は、平和学の歴史、大量破壊兵器の削減、市民社会と平和、民主化など様々だ。成績は、科目ごとのテーマに沿って年八本ほど提出する二十ページほどの論文で決められる。自分の性格と能力を考え、関心がある科目いくつかに集中することに決めた。

私は、このときも、目標を達成するために不可欠でないものは優先順位を下げるか、すぱっと切り捨てて、選んだものに集中するようにした。そのほうが、自分の強みを生かせるし、結果として効率的だと思ったからだ。

論文の締め切り前になると、専門書数十冊を抱えて学生寮の自室にこもり、一週間ちかく出ないこともざらだった。その間、調理しなくてすむセロリや人参《にんじん》、冷凍コーンばかり食べるという修行僧も真っ青な粗食《そしょく》生活を送っていた。見かねたベジタリアンのアメリカ人が野菜の食べ過ぎを説教してきたときには、さすがに少し反省した。仲の良い寮生《りょうせい》がしょっちゅう手料理を分けてくれるようになり、なんとか私は生き延びることができた。

集中して書いた論文は、過去数年間の論文の中でも学部最高点をもらうことができた。頑張れば国際レベルでも通用するんだ、と一つ壁を超えた気がした。振り返って今考えても、このときについた自信は、自分にとって大きな意味があった。

だが、大学院にきてから分かった最大の誤算があった。ブラッドフォード大学には、なんと私が専門にしたかった「元兵士・子ども兵士の社会復帰」について教えられる教授がいなかったのだ。

「なんで私を受け入れたんだああ！」。あり得ない。ブリティッシュ・ジョークであってほしかった。しばらく落ち込んだが、徐々に「やっぱりそれほど専門家がいない新しい分野に違いない」とプラス思考に頭を切り替えることにした。

イギリスの修士課程は通常一年で終了する。毎年六月にはすべての授業が終わり、残りの三カ月間をみな修士論文の執筆に費やす。兵士の武装解除について指導を望めないため、修士論文は紛争後の和解問題について書くことにした。紛争が起こった後には、壊れた建物を直し、警察や軍を訓練して安全を確保し、正当かつ民主的な政府を樹立《じゅりつ》し、経済活動を活性化する必要がある。それらすべての後に、平和をつくる最終段階として「和解」が不可欠に違いないと思ったからだ。

現実を見極めるためには、現場に行って自分で調べなきゃ。そう思い、若手研究者育成のための調査助成金を当時与えていた秋野豊賞に論文を送り、受賞が決まり、ボスニア・ヘルツェゴビナとクロアチアで現地調査をする資金を頂くことができた。この賞は、タジキスタンの国連ＰＫＯに参加していて武装勢力に襲われ命を落とした秋野豊さんの遺志を継いで設立された賞だった。賞の趣旨と照らしても受賞できたことが嬉しかったし、プロの入り口に立つ資格をもらえた気分にもなった。

現地調査の準備のため、ネットの検索エンジンに、思いつくかぎりのキーワードを入力した。「Croatia」「Bosnia」「Peacebuilding」「Reconciliation」「ＮＧＯ」……。引っかかったＮＧＯや援助機関に片っぱしからメールを送り、関係する活動をしている団体や個人を紹介してもらう。和解についての書籍に出ている機関に連絡し、ボスニアとクロアチアで活動している団体を知らないか聞く。一般市民の生の声も知りたかったので、クロアチア語やセルビア語の辞書を片手に、現地の大学のホームページの学生用掲示板に、情報提供の呼び掛けを書き込み、現地で学生から話を聞く機会を作った。これで、必要なインタビュー先とほぼ連絡がついた。

ボスニアに二年住んだことがあるというイギリス人の同級生マイクも偶然同じ地域に調査に行くことになったので、彼の知人宅に私も一緒に泊まらせてもらうことにした。現地に到着し、クロアチアの首都ザグレブの空港から市内に向かうバスの中で、マイクにクロアチア語で一から千までの数え方、時間、曜日の言い方などを教えてもらった。ただ残念ながら、今覚えているのは「白ワインください」だけになってしまっている。

「和解」という言葉が「凶器」になるとき

ボスニア・ヘルツェゴビナとクロアチア両国を含むバルカン地域では、旧ユーゴスラビア紛争により「民族浄化」をキーワードにした凄惨《せいさん》な殺戮《さつりく》が行われた。私が滞在した二〇〇〇年七月は、その内戦発生から十年ちかく経っていた。バスに乗りクロアチア東部の町ブコバルから国境を越え、ボスニア北部の小さな町サンスキ・モスト、ゴルニ・バクフ、首都サラエボ、バニャ・ルーカと移動して一カ月。和解のための調査という自分なりの大義名分に反して、現地の住民の話を聞くほどに私の中で日々大きくなっていた感情は、後ろめたさだった。

私は、現地を訪れるまで、「和解」とは良いことだと信じて疑わなかった。でも、その言葉を口にした時の現地の人々の表情を見て、自分が間違ったことをしているとやっと気づいた。部外者の私の無神経な問いは、たとえば日本で犯罪被害者の家族に、加害者との和解について尋ねるのと同じようなものだった。私が家族を失った立場だとして、ある日フラッとやってきた外国人に、加害者と和解しない理由を問い詰められたら、どんな気分になるだろう。被害者の心の傷を深める、いわば「言葉の凶器」と感じるのではないだろうか。

ルワンダで会った人々の表情を思い出した。あの時は、私に専門性がないことが問題だと思っていた。でも、たとえ私がどれほど有能な専門家でも、人々が自発的に望んでいないことを押し付けるのは、ただの自己満足なのではないか——。

この時の経験から、平和をつくるプロセスとは、当事者が望んでからはじめて行われるべきであること、部外者が興味本位でかき乱すことがあってはならないことを痛感した。そして、皆が手を取り合って仲良しでなくても、殺し合わずに共存できている状態であれば、それもひとつの「平和」の形であり得ることも。

初めての現地赴任

バルカン地域での調査が終わり、日本に一時帰国した頃、転機が訪れた。学生時代にインターンをしていた日本のNGO組織のアフリカ平和再建委員会（ARC）から、ルワンダに新しく立ち上げる現地事務所の駐在員にならないかと連絡があったのだ。一刻も早く現場で仕事をしたいと思っていた私に、断る理由はなかった。条件もろくに聞かず、すぐにOKの返事をした。二〇〇〇年八月、私は二十三歳になっていた。

高校生の頃は、「紛争地で働く」イコール「国連機関」しか思いつかなかったので、国連で働くことには、ずっとあこがれがあった。それと同時に、現地の人たちと直に接して働くのはNGO団体であることを大学時代に知り、自分自身のキャリアの最初には必ずNGO勤務をしたかった。キャリアの早いうちに現場目線で働く感覚を身につけないと、頭が凝り固まった勘違い人間のまま年を取りそうな不安があったからだ。

ルワンダに三年ぶりに戻った二〇〇〇年十月。私は、ルワンダの首都キガリで、事務所立ち上げに走り回っていた。私がARC始まって以来、初めての現地駐在員だったので、現地事務所も私が赴任するまで存在しなかったのだ。小さな団体だったため、現地職員もおらず、私ただ一人。事務所を立ち上げるまでの間、長年日本から寄付金を送っていた現地NGOの事務所に間借りさせてもらい、そこの職員に準備を手伝ってもらった。

事務所スペースの他にいくつか部屋がある賃貸物件を探して、職員用の住居も併設する予定だった。とにかく、一刻も早く物件を見つけなければならない。なぜなら、このとき私の月給が九万円なのに対し、泊まっていたゲストハウスの一カ月の宿泊費は十万円だったのだ。つまり、月一万円の赤字。事務所を借りてそこに住めば、事務所家賃は事業費から支払われるので、給与をようやく自分の生活のために使える。

今でこそ日本のNGOの待遇はずいぶん改善されたが、この頃は資金獲得のノウハウを持たない小さな団体では、その職員が生活をしていくこともままならないことがあった。私は、自分でお金を払ってでも経験を積みたいと思っていたのと、職歴もない自分が機会をもらったという感謝の気持ちが強かったので、待遇を聞いても躊躇《ちゅうちょ》はまったくしなかった。ちなみに、途中で事業費の改革を提案したため、最終的には月給は十五万円まで上がった。

泊まっていたゲストハウスは、私以外にも外国人が泊まる中級レベルで、お湯はでないが清潔で住み心地は良かった。ただ、しょっちゅう断水したので、いつも部屋のあちこちに水の入ったバケツを用意していた。そのうち、一・五リットルのペットボトルの水が一本あれば、髪から足まで全身を洗えるようになった。これは今でも水がない地域で役立っている特技（？）かもしれない。

現地到着から二カ月後、ようやくキガリ市内の中心部にあるビルの二階に物件を見つけることができた。私が当時管理していた事業は予算全体で二百万円ほどの小さな規模だった。事務所の家具や備品を買うときも、キガリ市内の電化製品のお店をいくつもハシゴして、とことん値下げ交渉をした。三十分の交渉の末にガスコンロを買ったある店のルワンダ人男性店主からは「あんた、絶対中国人だろ」と呆れたような顔で言われ、日本人とは信じてもらえなかった。商売上手だと思われたのかなと、とりあえず喜んだ。

私が担当していたのは、虐殺で夫を失った女性に洋裁の職業訓練をするプロジェクトだった。足踏みミシンや布の仕入れ、洋裁の講師の募集と面接、十人の訓練生の選定もすべて初めての経験だったが、見よう見まねで必死に形にして、とりあえずプロジェクトは予定通りに始まった。訓練生のほとんどは二十代から三十代のシングルマザーで、赤ん坊を背負いながらミシンの使い方を覚えている生徒もいた。訓練の最後のほうに作った洋服を市場で売って、卒業後に各自が洋裁を始めるためのミシン購入代に充てられるようにした。

この他、地元の小学校への支援も行った。キガリ市の郊外のある村には、公立の小学校がなかったため、村人が有志で建てた小学校があった。村人から集めたお金で教室ひとつ分は完成したが、机や椅子も買えず、子どもたちは地べたに座って授業を受けていた。認可されていない私立学校の扱いとなるため国からの補助は出ず、子どもの親は稼ぎが少なく先生の給料を払えないため、ほぼ無給で教えている状態。日本からの寄付で、まず机と椅子を寄贈した。これ以上ないくらい村人から感謝され、子どもたちは嬉しそうにぎゅうぎゅう詰めに座って授業を受けていた。でも、それだけでは遅かれ早かれこの学校が立ち行かなくなるのは目に見えている。

子どもたちを見ていた私に、村人代表として校長を務める男性が何気なくつぶやいた。

「あの子とあの子は、母子感染でエイズに感染してるんだ。本人たちも知ってるよ」

アフリカや紛争地でエイズに関する危機感が伝わりにくい理由のひとつに、今日生きていけるかも分からない生活を送っている人々にとっては、数年後に命を落とすかもしれないエイズの脅威が実感できないことが挙げられる。エイズに関する認識が浸透していないことは知っていた。この学校に通う子どもたちの親の多くは、地方の野菜などを街の市場で販売し、一日数十円から数百円程度の収入を得るその日暮らしの生活をしている。当然、エイズの治療に支払うお金もない。

その日のうちに、新しいプロジェクトのためのプランを考えた。

生活苦や無職の生徒の親を労働者として雇い、レンガ作りや建設作業のスキルを教えながら学校を完成させる。働いている間は給料が支払われるから学費も支払えるし、学校が完成した後も少しは手に職がつくはずだと考えた。さっそく日本の本部に提案メールを送った。とてもシンプルなものだが、これが私が人生で最初に立案したプロジェクトになった。

ルワンダでNGO職員として、小学校に机と椅子を寄贈したときの写真。最初に寄贈できた机は子どもたちの数に足りなかった。

その後、子どもたちが感謝の歌を歌ってくれた。机が寄贈され、教室らしくなったため、さらに多くの子どもたちが入学を希望するようになった。

このルワンダ駐在の間に、大学生のときに訪れた時よりも深く、虐殺を経験した社会を見ることになった。キガリ市郊外のある教会は、虐殺が起こった一九九四年当時のまま残されている。国民の大半が敬虔《けいけん》なキリスト教徒であるルワンダで、虐殺を逃れるため教会に逃げ込めば助かると信じたツチ族の住民たちが、かくまうふりをした教会関係者とフツ族に集団で殺害された現場である。

その教会の脇には、犠牲者数十人の頭蓋骨《ずがいこつ》が並べられていた。近所に住む年老いた女性は、十数人いた家族のうち、助かったのは自分も含めて二人だけだったと私に語った。月に一度、並べられた大量の頭蓋骨を磨くことが彼女の日常となっていた。

紛争とは、それまでの日常が失われるのと同時に、それまで非日常だったことが日常に変わるプロセスでもある。そして、非日常が始まったと実感する頃には、その流れは個人の力ではどうしようもないものになる。

ルワンダでは、八十万人以上と言われる膨大な犠牲者数と比例するように、虐殺の容疑者も十二万人以上に膨れ上がった。二〇〇〇年当時、私がキガリ中心部の刑務所を訪れた際には、定員の十倍を超える囚人が収監されていた。横たわるスペースも満足にない劣悪な生活環境の中、裁判を受けることもなく、病気や暴力的いじ

虐殺の現場となったルワンダのある教会に並べられた被害者の頭蓋骨。
殺害されたときの凶器が刺さったままの状態が生々しい。

めにより命を落とす囚人も多かった。裁判官や弁護士も大量に殺害されたため、正当な裁判で有罪か冤罪《えんざい》かを裁くこともできない状態だった。

ある囚人は、私に訴えた。

「俺は無実なんだ。でも誰も話を聞こうともしない」

別の囚人は、自分は加害者であると同時に、被害者でもあると話した。目の前にいるツチ族を殺さなければお前を殺すと、銃を頭につきつけられて脅されたため、友人をナタで切りつけるしかなかったのだ、と。妻を殺さなければ、子どもを殺すと迫られたものもいた。自分と友人、自分と家族、家族と家族、その生命を天秤に掛けざるをえない極限の状況。ルワンダの虐殺被害者は、八十万人から百万人と言われている。二十万人は、世界にとっては、誤差なのだ。そこに生きていた一人ひとりが認識されることはない。

選択肢の不在。

これ以降に訪れた多くの紛争地で、人々が繰り返し口にし、私が目の当たりにしてきたことだ。紛争の最中には、しばしば、選択肢とすら呼べない道しか目の前に存在しない状況に陥る。

たとえ紛争が終わっても、食べ物がない、家がない、またいつ争いが勃発《ぼっぱつ》するかも分からない状態に生きる人々は、家族を失ったことを悲しむ間もなく、その日を生きることで精一杯だ。命はあるけど、自分が何のために生きているのか分からない。そして、自らの生き方を選ぶ選択肢も持っていない。

私がルワンダで担当していたプロジェクトは終わりに差し掛かっていた。新しいプロジェクトが開始される予定もあり、望めば駐在を延長することもできた。でも、いつまでも同じ支援の方法を繰り返すだけでは現実は変わらないのではないか。こうしているうちにも、紛争の犠牲者は増えていく。私自身が、一刻も早く新たな解決策を実践できるようになりたかった。

ちょうどその頃、西アフリカのシエラレオネという国で、元兵士から武器を回収して、彼らを一般市民に戻すための武装解除が行われ始めていた。大学院でも学ぶことができなかったこの取り組みを、現場で見てみたい。そして、その専門性を紛争地の問題解決に役立てられるようになりたい。そう考え、ルワンダの仕事は、後任を見つけて引き継ぐことにした。その先どうすれば希望の仕事に行き着くのかあてはなかった。でも、この程度の道を自分で切り開けなければ、どのみち自分には紛争の解決なんて無理だということだ、と割り切った。

この時もそうだが、私は自分が弱気になりそうなときに、退路を断って自分が逃げられない環境を作ることが多い。そうすると、自分で自分の背中を押すことができる。それに、そこから突破口《とっぱこう》を作れなければ、私にはその能力と適性がなかっただけなのだ。

ルワンダから日本への帰国が迫っていた二〇〇一年の四月に、自分で費用を負担して、シエラレオネに調査に行くことにした。次はいつアフリカに来られるか分からない。あのとき行っておけばよかった、と後悔したくなかった。

II REALITY ON THE GROUND

武装解除の現場に立って

内戦中のシエラレオネへ

NGO職員として働いていたルワンダを離れ、武装解除が行われているらしいという情報だけを頼りに、シエラレオネに向かうことを決めた。とはいえ、シエラレオネとつながりのあるような知り合いは、誰一人いなかった。日本帰国までは一カ月を切っている。この状態で、ゼロからすべてを始めるのは、さすがに無理かもしれない。

でも、「自分の身ひとつで現場に変化を生む」ことを目標にするからには、ゼロから現地調査くらいできないと話にならないだろうなと思い直した。ふと、大学院時代に読んだ本の中に、西アフリカ諸国の平和問題に取り組むネットワーク組織が載っていたことを思い出した。大学院を卒業しても仕事が見つからなかったら、アフリカの現地NGOでインターンをして、経験を積みたいと思っていたのだ。WANEP（West Africa Network for Peacebuilding）という、ガーナに拠点を置くその団体に早速連絡を取った。最初はどこの誰だろうと思われたようだが、シエラレオネに行く途中でガーナを訪問して詳しい話をしたいと伝えると信頼してもらえたようだった。

内戦直後の国や地域には、国連平和維持活動（PKO）が組織され、停戦監視や復興支援を行うことが多い。シエラレオネにある現地NGOを紹介してもらえたが、その団体は武装解除を担当しているPKOである国連シエラレオネ派遣団（UNAMSIL：United Nations Mission in Sierra Leone）とのつながりはないという。突然連絡をしてもアポは取れないだろうと言われた。

国連というと頑《かたく》なな官僚組織というイメージがあった。半ばあきらめかけたが、これで最後と思いながら、念のためUNAMSILの事務所の場所だけ訊いてみた。ある大規模ホテルを借り上げて事務所として使っているが、どうやらホテルの一階部分の客室十五部屋だけは、今でも一般客が宿泊できるらしい。

これなら、宿泊客としてホテルには入れる。無謀かもしれないが、そこから突破口が開けるかもしれない。でも、価格は一泊二万円。航空券も買わなければいけないことを考えると、完全に予算オーバー。日本に帰ってからの生活費がゼロになる。一晩悩み、結局そのホテルに予約を入れた。こうなったら賭けだ。未来の自分にとって、これが負債《ふさい》となるか、投資となるかは、自分次第だ。

シエラレオネでは、当時の政権腐敗《ふはい》に不満を持つ若者が組織化した革命統一戦線（RUF）が武装蜂起する形で、一九九一年に内戦が勃発した。RUFは、アフリカ有数のダイヤモンド産出地域であるリベリアとの国境付近の東部を中心に支配領域を広げ、隣国リベリア政府からの支援とダイヤモンドの利権により武器や戦闘員を増強し、一時は国土の北半分を占拠するまでに勢力を拡大した。戦線が拡大するにつれ、当初の内戦の目的は形骸《けいがい》化し、RUFは住民への襲撃を繰り返し行うようになり、被害がさらに拡大した。RUFに押された政府側が、戦闘に南アフリカの傭《よう》兵《へい》会社まで投入したことも話題になった。そして、内戦終結後の二〇〇四年時点でのシエラレオネの国民平均寿命は三十四歳。内戦による犠牲者の増加により、一時期世界で平均寿命が最も短い国となった。

二〇〇一年四月、ガーナ航空に乗り、シエラレオネの首都フリータウンに降り立った。このときは、停戦合意は結ばれていたものの、まだ国家非常事態宣言が出されており、空港は国連の平和維持軍の兵士が警護した物々しい雰囲気だった。ちょうどこの一年前に、国連の平和維持軍の兵士五百人が反政府軍に拉致《らち》される事件も発生していた。空港から市内までは、ヘリコプターで海を越えて移動した。陸路だと襲撃の恐れがあるからだ。

国連PKOであるUNAMSILのあるホテルはマミー・ヨーコホテルという。シエラレオネの昔の女王の名前から名付けられたそうだ。ホテルは、ダイヤモンド採掘と輸出業を営むアメリカ人一家により所有され、国連PKOの事務所として貸し出されていた。

宿泊客としていったん建物に入ってしまうと、二階以上のフロアにある国連PKOの各部署へのアクセスは自由だった。一階の受付で教えてもらった担当部署に向かった。

その部屋には、「DDR」と書かれた一枚の紙がセロテープで貼り付けられている。ノックすると、白人の兵士が出てきた。一瞬間をおき「何の用?」と表情を変えず尋ねてきた。日本のNGOに勤めている、シエラレオネのDDRに関心があるので調査にきた。今どのような取り組みをしているのか説明を聞きたい……そう伝えた。

相手は、私の名刺を眺めたまま黙っていた。この当時は治安もまだ落ち着かなかったため、UNAMSILには兵士以外の文民職員はほとんどいなかった。内戦中のこの時期に、アポなしの一般人、しかも珍しい日本人の女性がやってきたら、確かに警戒を通り越して困惑するかもしれない。私の所属する団体の名前も、相手は聞いたこともないのだ。

「このホテルに泊まっています。説明をもらう時間ができたときでいいので、連絡ください」。そう私が伝えた瞬間、相手の表情が変わった。

「ああ、ここに泊まっているのか。なら、明日なら説明する時間ができると思うよ」

そのホテルは、普段は国連本部からくるVIPたちが利用していた。そのため、私もそれなりのステータスの人間と安心されたのだと思った。ただし、私の場合、ホテル代だけで赤字なので、食費節約のため毎日ホテルが無料でくれるフランスパンばかり食べていたのだけれど。

ホテルの部屋に帰って、ここからさらに他の機関に紹介してもらうにはどうしたらいいか一晩考えた。とりあえず、ビジネスパーソンに見えそうな服を着て、自分なりのDDRへの提案をまとめ、そこに日本が貢献可能であろう分野の情報を盛り込んだ。日本はこの当時、まだDDRに資金提供をしたことがなく、シエラレオネに日本大使館もなかったため、現場の人々にとっては未知の存在だったのだ。提案の中身は、日本の政府開発援助（ODA）では、武器を扱う武装解除への貢献は難しいため、社会復帰に特化した支援の呼び掛けをしたほうが良い等々だ。当時の私が伝えられることはごく限られた情報だったが、関心を持ってもらえ、二週間の滞在中に大統領直属の国家DDR委員長にまで面談することができた。その他にも国内避難民キャンプやNGOの活動現場を訪れるなど、希望していた目的はほぼすべて達成することができた。

たった二週間だったが、多くの出会いがあった。

子ども兵士は加害者か、被害者か

両親を殺され孤児になった子どもと、三十人を殺した子ども。手を差し伸べられるべきなのは、どちらだろう？

「お母さんが、もうぼくは帰って来なくていいってさ」

「それは、どうして？」

「お父さんに、してはいけないことをしたんだ。だから、もう家族には要らないって」

十二歳の男の子ミランは、シエラレオネ北部の彼が住んでいた村から、反政府集団であるＲＵＦに誘拐された。村が襲われたときに、自分の父親の腕を切り落とさなければお前を殺すと脅され、怖くて仕方がなく、従ってしまったという。家族も、その現場を目撃していた。その後も、ＲＵＦに参加しながら、いろいろな村を襲い、多くの人を殺したという。その時のことは思い出したくない、とミランは暗い表情で言った。

子どもを洗脳《せんのう》し軍の言いなりになる都合の良い「兵士」とするため、上官は誘拐した子どもを脅して自分の住んでいた村を焼き打ちさせたり、親や教師を殺害させたりする。麻薬やアルコール漬けにされ、銃を持たされ村を襲わされた八歳の子どももいた。こうすることで、子どもたちは帰る場所がなくなり、軍で過ごす以外、居場所がなくなる。

中には、志願して兵士となった子どもたちもいる。兵士になれば、貧困で食べるものに困る心配もない。銃を持ったかっこいい大人の一員として認められるという背伸びしたい年頃の子どもの心理も、巧妙に利用された。

シエラレオネで、十八歳未満でありながら、兵士として武装勢力に参加していた子どもは、公式に判明しているだけでもおよそ七千人。戦死した子どもは含まれないため、実際にはさらに多い。男子の場合は、兵士として戦闘に参加する他、ジャ

シエラレオネの元子ども兵たち。真ん中がミラン。更生施設で勉強をしている。

ングルの中で離れた味方部隊に武器や文書を運んだり、炭鉱のカナリヤのように大人の兵士が歩く前に危険がないか確認するためだけに先に地雷原《じらいげん》を歩かされたりと、その役割はさまざまだった。女子の場合は、食事の準備や身の回りの世話を命じられるのと同時に、強制的に兵士と結婚させられるか、不特定の兵士に性的奉仕をさせられる子が圧倒的に多く、望まない相手にレイプされて妊娠したことから、生まれてきた子どもを受け入れられない女子にも出会った。命からがら逃げ出す子どももいるが、見つかれば他の子どもへの見せしめのために処刑されるか、動けなくなるまで暴力を受ける。

子ども兵士は、スーダン、ソマリア、ウガンダ、ルワンダなどのアフリカの紛争の他、アジアや南米の内戦でも存在してきた。子どもを使う理由は、大人に抵抗する力がない、洗脳しやすい、敵に警戒されない、身軽で目立たないのでスパイ活動や運び屋に適していることなどが挙げられる。AK47のように作りがシンプルで取り扱いしやすい自動小銃が出回るようになったことで、子どもでも銃を持てば一人前の兵士となれる。そして、先入観を持たないまま洗脳された子ども兵士ほど、残虐になれる。

司令官たちは、子どもを兵士として利用していたことの罪を問われることを恐れ、子どもを解放したがらなかったり、子ども兵士の存在を隠したりする。また、十八歳未満を子どもとする国際基準が自分の国には当てはまらない、自分たちの文化では十五歳以上は大人だから、自分の国には子ども兵士はいない、と主張する国もある。

十年以上に及ぶ内戦を経験していたシエラレオネでは、元子ども兵のための更生施設が作られていた。施設で過去の経験を話し、心のトラウマを回復しながら、社会の一員として生きて行くために必要な教育や職業訓練を受ける。

施設のシエラレオネ人女性スタッフが私に言った。

「ここにミランがきてから三週間経つけど、最初は自分の名前や出身地について何度も嘘をついたのよ。武器を隠し持っている子もいる。ちゃんと荷物検査をしたのに、どこに隠していたのだろうと、いつも不思議なのよね」

大人の兵士たちの中で生き延びなければならなかった子どもたちは、命を落としていく仲間たちを見ながら、大人を出しぬいて身を守る術《すべ》を学んできたのだろう。徐々に施設の人間は自分たちを傷つけない大人であることを知り、心を開いていく。

施設で初めて算数を勉強していると私に教えてくれたミランに簡単な足し算の問題を出すと、ちゃんと解くことができた。ミランは、家族だけでなく村からも受け入れを拒否されたため、里親に引き取られることになっていた。

「ここの暮らしは好きなんだけど、もうすぐ出なきゃいけないんだって。新しい家でうまくやっていけるか不安だけど、学校に行けるのは、楽しみ」

そう無邪気に言う彼のこれからの人生に、過去はいつまでついてまわるのだろうか。ミランは、加害者であると同時に被害者でもある。兵士としての生活では、泣くと暴力を振るわれたため、悲しくても涙がほとんど出なくなったという。

「また、来られるの？」

そう私に尋ねたミランは、他の子どもたちと一緒に、私が乗ったタクシーが見えなくなるまで手を振っていた。

元兵士が優遇される不条理

「政府は、争いはもうすぐ終わって平和がくるから村に帰れと、さも帰還が良いことのように言う。昔の友だちに、今の自分を見られるなんて耐えられないのに」

首都フリータウンにある避難民キャンプには、内戦で手足や指を武装勢力に切断された被害者とその家族およそ千人が暮らしていた。

反政府集団RUFは、その残虐性で悪名高かったが、この被害者たちはその象徴といえる。RUFは、村を襲撃する際に、住民たちへの見せしめとして、腕や指、足を切り落とし、心理的にも住民が抵抗できないような支配を行ったのだ。被害者は、生まれたばかりの赤ん坊から大人までいる。

私は、滞在期間中のどこかで、このキャンプを必ず訪問し、話を聞きたいと思っていた。そんな私に、四十代のキャンプのリーダーであるユニスは静かに言った。

「ジャーナリストがここには毎日やってくるよ。俺たちの写真を山ほど撮って、ひとつふたつ質問して、満足して帰っていく。見せ物なんだ」

ユニス自身も、両手首から先がなかった。

ボスニア、そしてルワンダのときと同じだ、と思う。ここで彼らの意に反して自分が知りたいことを聞くのが私のやりたいことではない。それは、恐らく平和とは逆の方向に、彼らの気持ちを推し進める、最もしてはいけないことだ。

ホテルから近かったこともあり、シエラレオネ滞在中、私は何度かそのキャンプを訪れて、彼らと話をするようになった。

「私の弟も、病気で身体が不自由なの。でも、日本だと障害者に対して、政府が支援する福祉制度があるのよ」

私の話に、ユニスは言った。

「この国の政府は、外国の支援がないとそんなことできないだろうな。今だって、月に一度、油や小麦粉が配られるだけだ。家族八人を養うには足りないよ」

「政府はもうすぐキャンプを閉鎖するらしいね。平和が来て、村に帰ったあとの生活を、想像できる？」

「俺はもう働くことができない。服を着るのも八歳の息子に手伝ってもらわなきゃならないんだ。息子たちには、学校に行かずに働いて、家族を支えてもらわなければならなくなる。それに……昔の友だちに、この姿で会いたくないよ。両手を失った俺の気持ちは、どんなに仲が良かった友人にも分かってもらえない。相手が五体満足である限りね」

ユニスは、そう一気に話してから、つぶやいた。

「だから、このキャンプでずっと暮らしたい。ここなら、俺の気持ちを分かってくれる仲間が一緒にいるんだから」

私がシエラレオネを発つ前日にキャンプを訪れたとき、ユニスが写真を一緒に撮ろうかと言った。写真を撮るのは嫌なんじゃないかと訊く私に、彼は言った。

「どうやって手を失ったか以外のことを話した訪問者は、初めてだったから」

紛争が終わるということは、一般の人々にとっては、平和な暮らしを始める第一歩だ。兵士や戦闘員も、自発的に武器を手放すのが理想的だ。でも、実際には多くの人が武器をそのまま持っていたがるし、司令官たちは部下を簡単に手放そうとはしない。どうしたら相手は応じるのか。武器と引き換えに、何かを要求されることもある。その要求に応じるべきなのだろうか。

シエラレオネの場合、多くの司令官や兵士が望んだのは、内戦中に行った戦争犯罪を無罪にすることだった。

犯罪に問われる恐れがあるのに武装解除や和平に応じるお人好しはいない。DDRで仕事を得ても、自分たちが逮捕される可能性があれば意味がないからだ。そのため、多くの場合、和平合意の際は、武装勢力が武器を手放して兵士を辞めることと引き換えに無罪にすると明記される。結局、シエラレオネでも、兵士たちは恩赦《おんしゃ》を与えられ、経済的に不満を抱かないよう一般市民として生きるために手に職をつける権利を得た。

平和とは、時に残酷なトレードオフのうえで成り立っている。安全を確保するためのやむを得ない手段として、「加害者」に恩恵が与えられる。その「加害者」には、元子ども兵のミランのように、好んで加害者となったわけではない、むしろ紛争の被害者といえる者もいる。物心ついたときから銃を持たされ、教育を受けたこともなく、戦うこと以外に自分の価値がないと心から信じてしまう者もいる。こういった人々への救済策は、確かに必要だ。

一方で、家族を失ったり、身体に障害が残ったり、家を失い避難民となっている「被害者」に、同じレベルの恩恵が行き渡ることはめったにない。加害者の人数と比べて、被害者の数が圧倒的に多いからだ。シエラレオネで最終的に武装解除された兵士の数が七万二千人ほどであるのに対し、死者数は推定五万人、それ以外の被害者数はおよそ五十万人である。

被害者たちは、元兵士たちの不満が爆発した時、犠牲になるのは自分たちであり、我が子であることが分かっている。そして、「平和」という大義のために、加害者の裁きをあきらめ、理不尽さをのみ込み、自らの正義を主張することを身を切られる思いであきらめる。

両手を失ったユニスが帰った村には、加害者である兵士たちも戻ってきたのだろ

シエラレオネの避難民キャンプで。右端の男性がユニス。

うか。自分の腕を切り落とした人間が、罪にも問われず、職業訓練を受けて幸せな家庭を築いて隣人として暮らしているのを、彼はどんな想いで眺めるのだろうか。

日本には、当たり前のようにある「平和」という状況を、紛争地の人々は、我が身を削りながら、少しずつ積み上げて創り上げている。

二十四歳で国連ボランティアに

シエラレオネでの調査から九カ月たった二〇〇二年一月、私は再びシエラレオネに向かうことになった。今度は、仕事として。

調査を終えてシエラレオネから日本に帰国した私は、子ども兵についての短いレポートをまとめていた。自分の見てきたものを忘れないうちに、現地の人々が抱える問題を知ってもらいたかったのだ。原稿を知り合いの研究者に送ると、三カ月後にアフリカ系の学術雑誌に掲載してもらうことができた。

そして、その数カ月後の年末、一本のメールが届いた。

「シエラレオネの国連PKOであるUNAMSILで、DDR担当官となる国連ボランティアを探している。興味があるなら推薦したい」

送り主は、日本紛争予防センター（ＪＣＣＰ）。当時のＪＣＣＰは、まれに国連機関に人材を推薦していた。私は、大学院時代にボスニアの調査から帰国し、ＮＧＯ職員としてルワンダへ赴任する直前の一カ月間、ＪＣＣＰが当時実施していた紛争予防についての夏期研修に参加したことがあった。そういう経緯があり、シエラレオネで行った調査と論文のこともＪＣＣＰに伝えていた。そのため、国連ＰＫＯの話があったときに、すぐに私のことを思い出してくれたらしい。この頃には、ＤＤＲという言葉が紛争後の復興支援の一環として一般的に使われるようになっていた。大学生のときの私の予想は、あたっていたらしい。

国連ＰＫＯへの派遣の条件は、一カ月以内に現地に到着できることだった。ちなみに、このとき、私は二十四歳。国連ボランティアは通常二十五歳以上であることが条件のひとつなのだが、特例として採用してもらうことができた。

二〇〇二年一月、再びシエラレオネに到着。前の年に、やっとの思いで潜入したＵＮＡＭＳＩＬで働くことになるとは思いもしなかった。

国連機関の問題点――官僚組織で非効率だとか、ＮＧＯに比べて支援の費用対効果が悪かったり――については、本で読んだり人から話を聞いたりしていたが、一度は自分で経験してみたかった。国連の中でも、ＰＫＯで働いている日本人は、他の国連機関に比べて圧倒的に少ないので、ますます興味が湧いた。

ＵＮＡＭＳＩＬには、最大時に一万七千五百人の兵士が各国から派遣されていたのに対し、文民《ぶんみん》警察や文民職員は数百人程度だった。治安の悪い地域で和平プロセスや復興支援を進めるために、抵抗勢力に対する抑止力となるように大規模な軍を展開して安全を確保することがＰＫＯの大きな役割のひとつだ。だから、治安が回復するにつれ、兵士の数は少なくなっていく。

私が到着した二〇〇二年一月は、ＤＤＲの最初のＤ、つまり武装解除は完了していた。そのために、前年に私がシエラレオネで訪れた兵士中心のＤＤＲの部署は解体されていた。今後は、最後のＲの部分である社会復帰を進めるため、新たにつくられた文民職員中心のＤＤＲ調整セクションに勤務することになった。上司となる文民職員は二人で、それ以外の十五人は私も含めてすべて国連ボランティアのチームだった。ネパール、フランス、ナイジェリア、タンザニア、カメルーン、フィリピン、スーダン、ロシアなど、国籍はさまざまだったが、最年少の私に対して上は五十代の同僚もおり、現場での経験値はみな私よりはるかに高い。現場で問題が生じたときにどう対処すべきか、身の安全をどう守るべきか、私は彼らの仕事ぶりから多くを学んだ。

シエラレオネの国連ＰＫＯで。地方には国連専用のヘリで移動した。

そして、シエラレオネは、国連PKO主導でDDRが成功裏に終わり、情勢が安定した最初の事例となった。シエラレオネ時代の同僚の多くは、その後リベリア、ダルフール、コンゴ民主共和国、ハイチ、ネパール、南スーダンなど、世界各地の現場で働いている。近況の他に、互いの国で担当するDDRについて相談しあうこともある。ここで共に働いた仲間たちは、互いを家族と呼び合うくらい今でも仲がいい。

シエラレオネでは、手続きの遅れで職業訓練を受ける兵士への給与支払いが給料日にできなかったことがあった。元兵士たちは、国のDDR委員会の地方事務所を取り囲んで石を投げたり建物に押し入ろうとしたりと大騒ぎをする。一日給与の支払いが遅れるだけでも、貧しい生活を送る人々にとっては死活問題だ。そういう時に、現地で間に入って仲介するのも私たちの役割だった。

兵士たちの不安を和らげるため、ストップ・ギャップと呼ばれる二カ月程度の短期の日雇い労働を提供するプロジェクトも実施した。シエラレオネのDDRでは、兵士から武器を回収して除隊される際に、一五〇ドルの一時金を支給し、これを自分の村に帰る交通費や、当面の家族の生活費に充てられるようにしていた。その後、社会復帰のため、大工、配管工、洋裁などの職業訓練もしくは農業を行うための種、

ストップ・ギャップ・プロジェクトの作業中の元兵士たちと。

肥料や道具の支給のどちらかを選んでもらう。しかし、職業訓練を行うNGOと政府の間で契約を結ぶまでに三カ月以上かかってしまったため、兵士たちが一時金を使い果たし、生活もできない状態で時間と不満を持て余す事態になった。そのため、このプロジェクトで、その空白期間に労働する機会を提供することにしたのだ。

このプロジェクトでは、兵士だけでなく、兵士を受け入れる側の村の住民も雇って、一緒に作業をできるようにした。これによって、兵士ばかりが優遇されるという経済的な不公平感を和らげることができるし、元兵士たちを村に受け入れるための交流の第一歩ともなる。実際に、ストップ・ギャップ・プロジェクトでは、簡単な道路工事や街の清掃作業などで住民と元兵士が共に働き、食事をすることで、和解の効果もあった。

職場である国連PKOが行っていたDDRの仕事に加え、他の国連機関であるUNDP（国連開発計画）が立ち上げた一般市民からの小型武器回収プロジェクトにも協力した。仕事以外の時間も、できる限り自分の経験を積むために使いたかった。

武装解除、その功罪

「平和構築（Peace building）」という言葉がある。紛争後の国や地域で、ＤＤＲや選挙支援、法整備、政府や市民社会の能力強化など、幅広い支援を通じて、平和な状態が定着することを目指す取り組みのことだ。紛争予防とは、未然に紛争の発生を防ぐための取り組みだが、平和構築は、いわば紛争再発予防であると言える。

シエラレオネに赴任して十カ月経った頃、住民と元兵士の和解を進めるための平和構築プロジェクトの責任者を任されることになった。私は、普段から、被害者と加害者をいかに公平に扱うかということを考えていた。そのため、プロジェクトが立ち上がったときに、自分から志願した。国連ＰＫＯのＤＤＲ担当官として、自分たちが正しいと思って行っていたＤＤＲが、現地社会にマイナスの影響を与えることもあるのではないかと感じるようになっていたからだ。

そう考えるきっかけとなったのは、シエラレオネ北部のある村で、住民たちと集会をしていたときのことだった。この村には何人くらい元兵士がいるのかという話になったとき、ある若者が勢いよく手を挙げた。

「俺、元兵士だよ！」

その時に感じた微《かす》かな違和感の原因が何か、すぐには分からなかった。

翌日、別の村に向かうためホテルを出た私に、男性の若者三人が近寄ってきて言った。

「あなた、DDRの部署の人でしょう？ 俺たち、元兵士で、職業訓練を受けたけどその後の生活が苦しくて困ってるんだ。何とかしてくれるでしょう？」

満面の笑みを浮かべながらそう言う彼らを見て、違和感の原因が分かった。当時、DDRは、画期的な支援だと評価を高めていた。多くのドナー国が資金を提供してくれた。かつての私も含めて、外国の大学や団体から、目新しい取り組みの調査のために子ども兵士や兵士を探して村々をまわる人々もいた。そのせいか、一部の元兵士たちは、自分たちが困っていると訴えさえすれば誰かが支援をしてくれると感じ、自分たちの存在には価値があるという若干の誇らしさも感じるようになっていたのだ。

私は頭を抱えた。単に彼らに経済的に自立する意思が育たないだけの問題じゃない。加害者が優遇され、もてはやされる風潮が長引くと、「無罪になって恩恵がもらえるなら、加害者になったほうが得だ」という価値観が社会に根付いてしまう。手厚い支援を受ける元子ども兵が新品の制服と文房具を持って学校に通う一方で、一般の貧しい子どもたちは鉛筆ひとつ買えないような状況があった。それを見て育った子どもたちは、将来、争いの芽が再び生じたとき、果たして加害者側に回らず踏みとどまることができるのだろうか。

ＤＤＲは、紛争を終結させるためのぎりぎりの政治的な妥協案に過ぎない。被害者への配慮を保つため、そして社会全体が自浄作用を持てるようになるためには、今のままのやり方ではいけない。でも、どうすればいいんだろう?

その答えは、なかなか見つからなかった。

アフガニスタンで軍閥を解体することに

コーランの祈りの声が響く。

「ここに、武装解除の開始を宣言する」

民族衣装のチャパンを身にまとったカルザイ大統領（当時）がそう挨拶すると、軍服を着た千人の兵士たちが一斉に行進を始めた。日本大使館員としてアフガニスタンに赴任した五カ月後の二〇〇三年十一月、私は北部のクンドゥズの町で、ＤＤＲの開始式典に出席していた。

アフガニスタンの首都カブールの日本大使館で、二等書記官としてＤＤＲを担当することになったのも、奇妙な巡り合わせだった。国連ボランティアとしてシエラレオネに赴任して一年後、日本に休暇で帰国したときに、外務省主催の非公式の小型武器に関する国際会議が行われていることを偶然知り、飛び込みで参加した。そこで私がＤＤＲの仕事をしていると知った外務省から、アフガニスタンで軍閥《ぐんばつ》を解体するＤＤＲを担当できないかと要請があったのだ。

当時のアフガニスタンは、「九・一一」と呼ばれるアメリカ同時多発テロへの報復としてのアメリカによる空爆から一年半経ち、支援国が治安を回復させるための五分野の役割分担を決めた直後だった。アメリカが国軍再建、ドイツが警察改革、イタリアが司法改革、イギリスが麻薬対策を担当することが決まり、最後に残ったＤＤＲを日本と国連が担当することになっていたのだ。ここで日本がノウハウが何もないＤＤＲを担当することになったのは、ボタンの掛け違いからだった。

ＤＤＲ以外の四分野はすぐに担当国が決まった。そして、どの国も、自国の外交戦略と照らして重要な分野を選んでいた。例えば、アメリカにとっては、米軍の撤退までにアフガニスタンの国軍が育っている必要があるし、タリバーン掃討のパートナーにもなる国軍の育成を他国に任せるわけがなかった。イギリスが担当した麻薬対策は、タリバーンや軍閥の資金源となっていたヘロインの材料であるケシの栽培の撲滅を目的としていた。世界に流通するケシの九割ちかくがアフガニスタン産

アフガニスタンで行われた武装解除式典の様子。

だと言われていたが、その大部分がイギリスを含むヨーロッパに流入していたのだ。

この五分野は、アフガニスタンの復興に不可欠だったため、日本もそのいずれかに関わらなければ、支援国としてのプレゼンスが保てないという危機感があった。DDRのうち、最後のRであれば、職業訓練を通じて貢献可能ではないかと、日本は国際会議でDDRの担当国となることを決めた。けれど、その後、DDRのことを知っている職員がそもそも政府内部にはいないこと、そして日本人の専門家自体がほとんどいないことが分かり、慌ててチーム集めをしていたのだ。

アフガニスタンに行くかどうか。それは、これまでで一番悩んだ選択だった。あらゆる援助関係者がアフガニスタンに向かっているようで、自分に何ができるのだろうかと思っていた。それに、日本政府の立場で働くということは、米国をはじめとする他の国々のあとを付いて行くだけで、何のやりがいもないのではないだろうかという心配も。

シエラレオネで、他の仕事が決まりかけていたこともあり、一旦は断った。ただ、そのあと何度も日本から国際電話をもらい、他に人材がいないことを伝えられ、真剣に考えるようになった。

私は、やる前から「どうせやりたいことはできない」と、決めつけているだけなのではないか。諸外国の思惑が入り組んだ国で自分が何かに貢献できるか分からないから、怖がって逃げているだけじゃないのか。

自分が正しい選択をしているのかが分からなくなって、アフガニスタンに行くことと、シエラレオネに残ることの、それぞれのメリットを書きだすというオーソドックスなこともしてみた。でも、アフガニスタンに行くメリットに「新しいことが経験できる」と書くと、シエラレオネに残るメリットにはその裏返しで「じっくり経験を深めることができる」と書いてしまう。リストはそれぞれ三十項目にもなってしまっていて、なかなか決まらない。

煮詰まっていたときに、同じ家に住むイタリア人の同僚にふと訊いてみたら、「もちろん楽しそうなほうを選ぶよ！」という答えが返ってきた。……さすがラテン系？

でも、そう言われて改めてリストを眺めてみると、アフガニスタンに行くほうが、未知の経験であることは確かだった。アフリカ以外できちんと働くのも初めてだし、政策決定に関わる経験を積む機会は滅多にない。試験なしで外交官になるのも、ちょっと変わった経験かもしれない。

人生の岐路に立ったときには、大変でもより実力がつく選択肢を選んでおこう。

人生は一度きりだし、一番やりたいことが思いきりできる二十代は、直感のおもむくままにいこう。それに、今まで平和国家と言いつつお金を出す印象しか持たれない感のある日本が、初めてＤＤＲという紛争解決の一翼《いちよく》を担う事業に主体的に関わることを決めたのだ。それに私も貢献したい。こうして、私はアフガニスタン行きを決めた。

アフガニスタンの首都カブールは、私が赴任した当初はまだ比較的治安も良く、郊外にピクニックに出かけたり、お花見もできたりした。ただし二〇〇三年末以降は、タリバーンが徐々に活発化し治安が悪化したため、大使館員は共同生活をおくり、移動は防弾車のみで徒歩の外出は禁止となった。外食も、自爆テロに遭いにくい設計のレストラン五軒のみに限られた。夜間にタリバーンの犯行とされるロケット弾が落ちることもしょっちゅうで、一度は日本大使館の真横に落ちたこともあった。

私は、大手新聞社所属のイギリス人戦場ジャーナリストＡから指にはめる鉄製武器のナックルをもらい、護身用に持ち歩いていた。Ａは元軍人で、チェチェン、シエラレオネ、イラク、ボスニアなどの紛争地を渡りあるいて、拉致されたり拷問《ごうもん》されたりと危ない橋を渡ってきた人物だ。イギリスでベストセラーとなったノンフィクション本も出している結構な有名人だった。いつものように、イギリスやドイツの大使館員と一緒に各国のジャーナリストと情報交換も兼ねた食事会をしていたときだった。Aが真剣な顔で「お前はこれを持っていたほうがいいつも使っていたナックルをくれたのだった。」と、私に彼がい

（な、なぜ私だけに……？　戦場に生きる男なりの新手の告白か？）

そう思うと、特注サイズの指輪に見えなくもない。それにしても斬新《ざんしん》すぎる。一瞬いろんな想像が頭を巡った。結局、ピザを食べながら、ナックルを使った効果的な闘い方を教わっただけで終わり、理由は聞けずじまいだった。そして、その後に休暇に出たとき、うっかりハンドバッグにナックルを入れたままにしていて、ドバイ空港で危険人物扱いされてしまった。心底恥ずかしかった。

相手の思惑の裏を読む

アフガニスタンでのDDRの目的は、各地に展開する軍閥の解体がメインだった。「九・一一」のアメリカ同時多発テロの直後に、アメリカはウサマ・ビンラディンをかくまっている疑いでアフガニスタンの政権を握っていたタリバーンに攻撃を行

った。アメリカに協力をした軍閥は、当時のタリバーン政権を打倒した勝ち組だった。しかし、アフガニスタンを再建するため、正式な国の軍隊をつくることが決められた。それまで日本でいう戦国時代のように各地の拠点でお互いに争い合っていた軍閥が、新たな国軍と同時に存在するわけにはいかなくなったのだ。

通常のDDRでは、兵士一人につき武器一丁を持ってくるのと引き換えに、武装解除を認める。長年争いをしていた社会では、兵士であることを証明する書類が存在しないので、戦争中に使われた武器が唯一の身分証明になるのだ。

アフガニスタンで兵士の武装解除のときに回収された小型武器は、一部の質の悪い武器を除いて、新しい国軍に再利用された。アフガニスタンのように、銃が大切に扱われている社会では、回収した武器を人前で破壊すると逆に兵士から冒瀆《ぼうとく》だと受け止められ強い反発がおきる。そのため、再利用が決められた。

一方、カンボジアでは、国民に戦争が終わったことを実感してもらう象徴として、大量の武器を焼却処分する式典が行われた。武器の破棄《はき》の仕方は、二十通りほどある。安上がりに済む方法、高価だけれど時間がかからない方法などさまざまだが、その中から和平効果、社会の文化背景、国民感情、必要な時間、予算などに応じて決めることになる。ちなみに、もっとも安上がりで手間もかからない武器を破棄する方法は、コンテナーに武器を詰めて、海に沈めることだ。しかし、環境保護の観点から、国際社会が関わる場合にこれが行われることはまずない。

また、アフガニスタンのように成人した男性が一人何丁も自動小銃を持っているような国もあれば、シエラレオネやコートジボワールのように、武器が足りない状態で戦っていた民兵組織もある。その場合は、武器を二人で一丁持ってきたり、弾薬を代わりに持ってくることで、武装解除を認めたりもする。ただし、「武器を持っていない」というセリフは、武器を手放したくないどの武装集団も使う言い訳だ。相手が威嚇《いかく》してきても泣き落とししても、本当に持っていないのか確認できるぎりぎりまで条件を下げない交渉力が必要になる。これに失敗して簡単に相手の言い分を受け入れると、ガラクタ同然の明らかに使えない武器しか集まらず、武装解除が進まない。事前に武器に関する情報収集もして、相手の嘘を指摘できるようにしたり、脅されても「これがあなたたちに与えられた最後の社会復帰のチャンスで、これを逃したら罰せられる」とはっきりと言えるように、法律や処罰の方法を準備したりする必要がある。

アフガニスタンでは、小型武器に加えて、戦車や大砲などの大型の武器も回収することになった。小型武器よりも戦車や大砲などの大型武器が安全上の問題となっていたからだ。例えば、北部バルフ州では、当時それぞれ別の軍閥の長だったアタ将軍（二〇一五年現在、バルフ州知事）とドスタム将軍（二〇一五年現在、第一副大統領）が、市内で戦車や大砲を持ちだして戦闘を行っていた。

当然、戦車や大砲などの大型武器の回収には、軍閥から猛反発があった。のらりくらりとかわされ、「ひとつも持ってない」と言われる。そこで、NATO（北大西洋条約機構）軍が撮った軍事衛星写真をこちらは持ちだす。

「ここところに戦車がたくさん写ってるんだけど……」

「……それは、ただの石像だ……」

「……」

そんな微笑《ほほえ》ましい（？）やり取りの末、最終的にはおよそ一万二千の大型武器が回収された。

赴任した当初、私はDDR事業や職業訓練の立案をしていたが、赴任して十カ月経った頃に、それまで武装解除の枠組みをつくっていた上司が日本に帰国した。そのため、DDRの本格段階が始まった二年目の二〇〇四年四月からは、DDR運営委員会の委員長をしていた日本大使の特別補佐官として、私は政策協議や司令官との交渉も任されることになった。

シエラレオネでは主に小型武器を回収した。

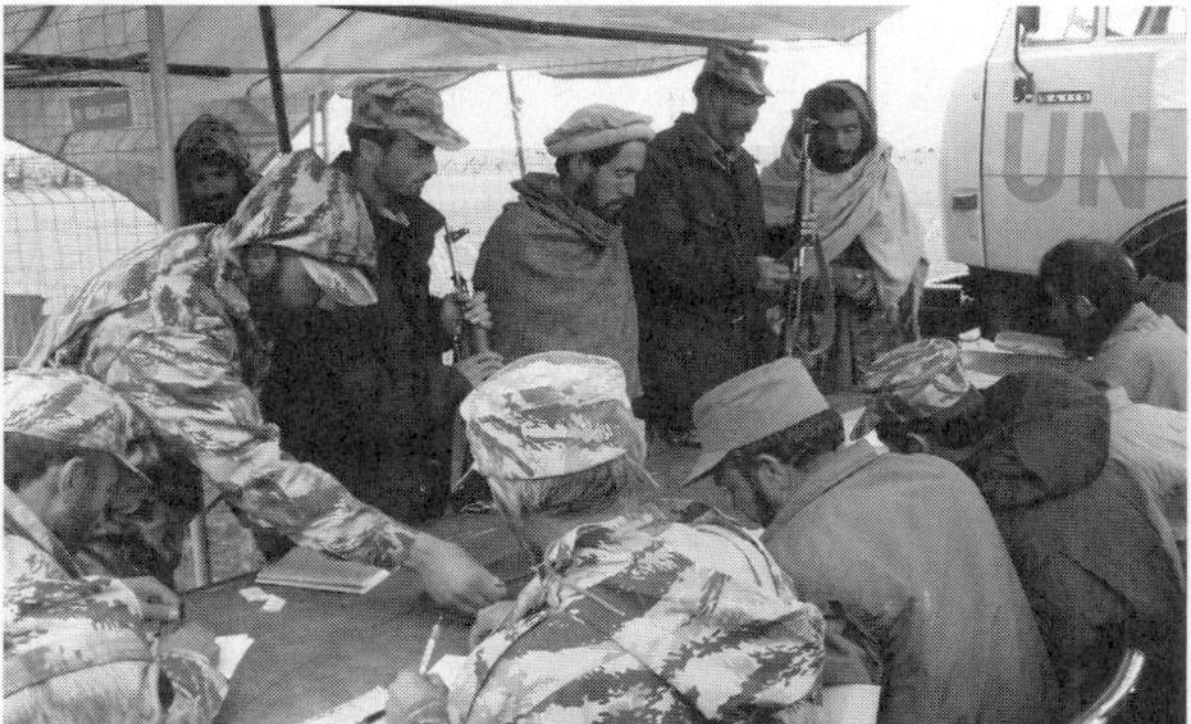

アフガニスタンで武装解除を行う様子。戦車や大砲などの大型武器を回収するケースもあった。

二〇〇三年十一月に始まった武装解除では、最初の数カ月は軍閥も兵士をすんなり差し出してきた。非常勤兵士やそれほど中核にいない兵士が大半だったので、軍閥にとっては痛くもかゆくもないのだろう。本当の苦難は、八千人ほどを武装解除して、本格段階に差し掛かった二年目にやってきた。司令官たちがピタリと協力しなくなったのだ。

「兵士の名簿を今週渡してくれるはずでしたよね」

「あと一週間待ってくれ」

「そんなもの、戦争ですべて焼けてしまったよ。欲しかったら自分たちで作ればいい」

そんなやりとりが何カ月も続いた。ようやく武装解除の準備をしても、兵士が一人もこなかったこともある。相手の拒絶が強まるのは、裏を返すと、それだけ軍閥の力の中枢に近づいてきたということでもある。自らの身を削るところまできたから、必死の抵抗をするのだ。

（最高峰の将軍クラスの軍閥の司令官は約十人、その下に中堅司令官が約三百人。解体する部隊の数は約二百……）

夜ベッドに入っても、解体すべき部隊番号と司令官の名前が頭に浮かんできて、どんな戦略で働きかけるべきかを何時間も考えてしまう。大統領選挙までに、武装解除をある程度完了させなければならない。もう残り半年しかない。気が遠くなるような作業だ。

多いときはほぼ連日、DDR担当の国連職員と作戦会議を開き、軍閥についての情報を集め、武装解除の戦略を立てた。

会議の席では、こんな会話が飛び交う。

国連職員「この部隊の司令官のS・Kは、ヘロインの密輸をかなり大々的にして莫大な収入を得ているらしい。でも、何より問題なのは、人権侵害だ。自分の言うことをきかない市民を二百人以上虐殺している。しかもわざわざ雪が溶けるのを待って公開処刑にしたというから、たちが悪い」

私「その部隊は、すでに解体するリストのトップにあるし、その見返りに、この地域の開発プロジェクトを行うことも合意されてるから、ミッションは問題なく進むと思う。それより、私が頭が痛いのは、司令官F・Kだよ。大臣でもあるくせに、部隊をいくつも抱えてるし。その立場を利用して、税関も検閲もなしで国境を越えて輸出入してるうえに、この間なんて、積荷を検査しようとした国境警備員を射殺しちゃったんだよ。

証拠がないって理由で、誰も逮捕されなかったらしいけど。この司令官が武装解除しないと他の司令官も聞く耳持たないから、来週、大使と一緒にカルザイ大統領にしっかり話してみることになってるんだ」

国連職員「F・Kは、大臣の立場を利用してドバイでもビジネスしてるし、最近はロンドンの為替市場にも投資を始めたらしいよ」

私「彼は成り行きで今のポストにいるだけで、政治には興味があまりないらしいよね。ビジネスさえしっかり維持できれば、意外とあっさり軍からは身を引くかもね。逆に、司令官A・Dは、政治的野心が大きいよね。この間、彼の家に行って武装解除の交渉したときに、『国防省の参謀総長になれるんだったら部隊を解体してもいい』って言ってたし。次の議会選挙にも立候補するらしいよ」

国連職員「まあ、参謀総長は無理として、彼にはこの間作った大統領令を使えば？　ほら、部隊を解体していない司令官は、政党を作ることも入ることも認めないってやつ」

私「そうだね、そうしよう。ところで、彼って私たちには結構温厚な態度じゃない？　でも、暗殺とか戦闘でいろんな司令官を蹴落として今の地位を築いたらしいから、じつは相当な戦略家なんでしょう？」

国連職員「そうだね。この間も彼の部下が心臓病で亡くなったけど、しょっちゅう誰かしら彼の周りで死んでるから、心臓病って本当かなぁって思ってさ。彼って、注射に仕込んだ薬物を使った暗殺を昔よくやってたって噂だし」

私「そっか、じゃあ念のため、他にもいくつか対策を取っておいたほうがいいよね。何か彼の交渉に使えそうな情報が他にないかなぁ……」

国連職員「じゃあ、とっておきの情報！　彼、馬が好きらしいよ」

私「馬……。馬を使った司令官の社会復帰計画……。競馬場でも造ってオーナーにでもなってもらう？　麻薬の原料のケシを栽培したり、戦闘するよりは、ギャンブルにはまったほうがまだ健全なのかなぁ……。っていうか、アフガニスタンの兵士で馬が好きじゃない人のほうが珍しいでしょ！　それに、日本国民の税金で競馬場造ったら、私が石投げられるわ。来週までに、もう一度、彼について情報を洗ってこなきゃ……」

こうやって、司令官一人ひとりの資産、その収入源、部下の数、どんな政治的野心を持っているかなどの情報を集め、交渉に使える道具が何かを洗い出す。

「除隊されて行くあてがない部下の仕事を確保するまでは武装解除には応じない」と語った司令官が、二カ月後には「自分が県知事になれるんだったら、部隊は手放す」と手のひらを返す。「自分の村に学校を建ててほしい」と言う人もいたが、無条件に応じると今後厳しい交渉を行うときにやりにくくなる。

これはどの現場でも鉄則だが、できないことは絶対に約束してはいけないし、期待を持たせてはならない。

このとき、日本側で武装解除の交渉や方針作りに関わっていたのは、当時私の上司だった駒野欽一大使と私の二人だけ。日本の外務省には、ここまで細かいレベルの相談ができる人はいなかった。こんな大事なことを二十七歳の私が一人で提案して決めていいのかというプレッシャーが半端ではなかった。必要な専門家、政務情報やネットワークをすぐに揃えられるアメリカやイギリスを見て、人材の層と組織間の連携の違いをつくづく感じ、うらやましかった。当時のアフガニスタンには、国連も各国の外交団も、エース級の人材を投入していた。他国の外交官ともかなり密接に連携するけれど、各国とも独自の思惑も持っている。日本として足元を見られるわけにはいかない。「武装解除のためにこれが必要」というアメリカの提案も、よくよく考えると、実はアフガニスタンの大統領選挙でカルザイ大統領が選出され、選挙が成功裏に終わるための布石《ふせき》であり、その二カ月後のアメリカ大統領選のための材料だったこともあった。当時、タリバーン掃討のために米軍に協力していた一部の軍閥の武装解除を、アメリカは認めなかった。

さまざまな思惑が錯綜する現場にいたこの時期から、交渉の際に相手の意図を深く考える癖がついた。

カルザイ大統領から求められた助言

カルザイ大統領と閣僚一同に対して、武装解除の状況を報告し、問題のある司令官への働きかけの方法を伝える会議を週三日のペースで行っていた時期があった。当時まだ議会がなかったアフガニスタンでは、大統領令がそのまま法律となる。こちらが文章を起案し、大統領に署名してもらうことで、武装解除に応じない部隊への給与の支払いをストップする法律を作ったこともある。また、司令官の多くが政治的野心を持っていることを利用して、武装解除されていない部隊の司令官の所属する政党は選挙に参加できないという大統領令を司法省と協力して作ったりもした。

当時のカルザイ大統領は、基本的に明るい楽天家だった。深刻な問題を抱えて会うと、話し終わった後はなんだかみんなが明るい気分になる。ただし、問題自体が解決したわけではなかったりする。彼は記憶力も良かった。一度説明したことは大体覚えている。大統領として日々多くの人に会っているはずなのに、「きみは先週その席で寒そうにしてたから、こっち側に座ったほうがいいんじゃない？」と私に言ってきたときは、びっくりした。

アフガニスタンの武装解除が進まなかった原因のひとつが、当時その担当だったファヒーム国防大臣自身が、首都カブールを拠点にする大きな軍閥の司令官であることだった。国防大臣は、副大統領も兼任していたが、自分の部隊を解体したくないから積極的に他の軍閥にも働きかけないし、他の軍閥からも「大臣からまず始めるべき」と言われていて、堂々巡りになっていた。カルザイ大統領には、国防大臣の取り組みの遅れについて定期的に伝えていた。

そして、ある休日、カルザイ大統領から急遽《きゆうきよ》会いにくるようにとの連絡が入った。駒野大使と私の他にその場に呼ばれていたのは、アメリカのハリルザド大使、国連ＰＫＯのアルノー事務総長特別代表、イギリスの臨時代理大使だけだった。カルザイ大統領含め、みな側近すら同行せず、一人で来ている。極秘事項が話し合われる予感がした。私はいないほうがいいかなと思ったが、カルザイ大統領から私も入るように言われた。

他に誰もいない静かな執務室で、カルザイ大統領は、「ファヒーム国防大臣を、副大統領と国防大臣から外すべきか意見を聞きたい」と切り出した。

恐らく、一国の副大統領や国防大臣の去就について、日本が意見を求められたのは、後にも先にもこれが初めてではないだろうか。日本が、確実に一国の政治プロセスに組み込まれていた瞬間だったと思う。日本側は、「アフガニスタン政府の問題だから外国の人間が意見すべきではないが、武装解除を進めるためには、彼が障害になっているのは事実だ」との意見を伝えた。そして、カルザイ大統領は、国防大臣を更迭させることを決定した。

ちなみにこのとき、誰も口火を切らなかったので最初に日本が発言したが、アメリカ、イギリス、国連はそれに深く頷きながら「大統領が決めたことは全力で支持します」とだけ言った。明確な発言はしないから記録には残らないけど、文脈から意向は伝わる。うまいなと思った。もしかして、アメリカと国連あたりは打ち合わせ済みだったのかなとも思ったが、真相は分からない。帰りの車の中で、大使と苦笑いした。

そして、これをひとつのきっかけに、プロセスは一気に加速することになる。それから一年後には、六万三千三百八十人が武装解除されていた。

ちなみに、イスラム教の国であるアフガニスタンの文化では、女性が前面に出ることをよしとしない。そのため、私はいつも布で頭を覆い、閣僚や司令官とは直接話をしないようにしていた。必要な交渉内容は、要点を事前に大使に伝え、大使が話す。万が一会議の最中に補足することがある場合は、メモを大使に渡していた。相手の文化やしきたりを尊重しなければ、信頼してもらえないし、受け入れてもらえない。ただし、その数年後にある記者が司令官の一人にインタビューしたときに、「あのDDR担当の女性ねー、しょっちゅうメモを差し出してたから、よく覚えてる」と言っていたらしい。えらく目立ってしまってるじゃないか。

紛争地から見えた日本の姿

「日本が言うから、信頼して武器を差し出すんだ。アフガニスタンの民を無差別に空爆しているアメリカやイギリスに言われたら、撃ち殺してやる」

カブール郊外の武装解除の現場で、兵士たちにそう言われた私は、「日本もインド洋でその連合軍に給油している」と言うのをためらい、結局伝えることはなかった。

アフガニスタンで武装解除された部隊には、麻薬ビジネスや密輸などで利益を上げる民兵集団に近い部隊の兵士もいれば、旧ソ連との戦いからアフガニスタンを守るために戦っていたような部隊もあった。後者の兵士たちの一部は、英語やロシア語にも堪能で、教育レベルも高い。無秩序な政権が横行した時代も国のために戦った立派な戦士たちだった。

「銃を枕によく野宿したよ。相棒みたいなもんだ」

自動小銃を片手に彼らは無邪気に笑った。

そして、武装解除されるとき、涙を浮かべて私に言った。

「本当は、ずっと兵士でいたいよ。国を守るために戦ってきたことは、俺の誇りなんだ」

アフガニスタンという国が、その地域を支配しようとする大国の意向に翻弄される中で、彼らは自分の家族と祖国を守るためだけに戦っていたのだ。新しい国軍への入隊資格は、担当国アメリカの意向で厳しい審査基準と年齢制限が設定されていて、多くの兵士はその基準を突破することができなかった。アメリカにとっては、米軍が撤退するまでにアフガニスタンの国軍が一定の能力を備えていなければいけないという事情があるのだから、仕方がないという側面があった。とはいえ、兵士たちの姿を見ているとせつなくなった。

アフガニスタンの人々の日本への好感度は高い。第二次大戦中に欧米から攻撃を受けて荒廃した歴史に自分たちを重ね、政治的な思惑なくアフガニスタンへの支援を行う姿勢に純粋に感謝する人々も多かった。

それまでの私は、専門家として現場の問題を解決することに集中して成果をあげることが自分の役割であり、国籍なんて関係ないと思っていた。しかし、このとき初めて、自分の国が行うこと、つまり日本政府の方針と自分は無関係ではいられないことを痛感した。日本は今後、世界でどのような役割を果たしていくのか。その方針に問題があると感じたとき、自分はそれを外野席で指をくわえて見ているだけで済ますのだろうか。

DDRを担当していたアメリカ人の国連職員の女性が、

「私は、アフガニスタンの人々に自分の国籍を伝えることを、いつもためらうの。空爆をしている自分の国の政府には反対だし、アメリカにはもう帰りたくないのに」

そう言って唇を噛《か》んだのを思い出した。

二〇〇四年末、大統領選挙を経てカルザイ大統領の再就任が決定したことに続き、アメリカではブッシュ大統領の再選が決定していた。そして、復活しつつあるタリバーンの足音が聞こえてきていた。武装解除される司令官や兵士たちは、この頃から口々に言っていた。「タリバーンが力を取り戻しつつある今、自分たちが武装解除したら地域の安全を守ることができない」と。

本来は、武装解除が完了した地域には、代わりにアフガニスタンの国軍か警察を派遣すればいいのだが、国軍の再建を担当していたアメリカは、武装解除された地域に訓練されたばかりのアフガン国軍を派遣することに難色を示した。

アメリカに訓練された国軍兵士の数が日々増えていくことは、アメリカのアフガニスタン支援の大きな成果のひとつだった。しかし、訓練をされたとはいえ、実戦経験のない若い国軍がタリバーンに打ち負かされたら、ただでさえ風当たりの強かったアメリカの国内世論の反発を抑え切れなかったのだろう。現地のニーズよりも、大国の思惑が優先される現実があった。

当時のタリバーン復活の勢いは、アフガニスタン南部の農村部に浸透し始めていた。武装解除された地域に代わりの治安部隊がいない「治安の空白地帯」は、タリバーンや他の民兵の格好の標的になる。武装解除だけでは、地域の安全を守ることはできないのだ。このまま武装解除だけを進めることは、結局アフガニスタンの不安定化につながるのではないだろうか。

しかし、加速した武装解除の流れは、もはや止められなかった。

当時の私は、決められた「和平プロセス」というレールの上を歩くだけで、そのレール自体に問題があるときにどうすれば良いのか、他国の方針を動かすにはどうすればいいのか、どれだけ考えても思いつくことができなかった。日々目の前にある武装解除の仕事をこなしながら、どんどん自分の向かっている道が、アフガニスタンの現場のリアリティからかけ離れていくことを感じていた。

アフガニスタン西部に位置する街ヘラートの南のシンダンドという村で、私が民兵組織の司令官と交渉をしたときには、護衛のために米軍の装甲車五台が同行した。タリバーンが潜伏していると噂されていた地域だったからだ。その四年後、交渉相手だった司令官は、米軍の空爆により殺害された。単に、アメリカを批判して済む問題ではなかった。日本は、危険な地域での武装解除の交渉に向かうときに、米軍やNATO軍の護衛なくしては移動すらままならなかった現実があるからだ。日本が、国際的な貢献の場で、一定の中立性を保ちながら、果たせる役割とは、一体何なのだろうか。それを見つけるために、何をすべきなのだろうか。

代替案のない批判は、ただの愚痴だ。そう日々自分に言い聞かせていた私は、これらの課題に対して、解決策を提示することができない自分の力不足を実感した。私は、アフガニスタンでこれ以上ない経験を積んだ。けれど、大いなる挫折も同時に味わったのだった。

「道」に迷ったとき

二十代のうちは、とにかく現場を自分の目で見て、できる限りの経験を積み、三十代には、その経験に基づいて、自分なりの解決策を実践できる人間になりたいと思っていた。私は、その目標のため、やりたいことができる最短距離を探してきた。そんな私が、今までの人生で唯一休むことを決めたのは、日本大使館員としてアフガニスタンでの二年間の勤務を終えた二〇〇五年の五月、二十八歳のときだった。

それまで、現場で身一つで役に立つ人間になることを目標にしていたときには、迷いを感じることはなかった。でも、アフガニスタンで私が直面した新しい課題をどう越えればいいのか答えが出ず、向かう方向も分からなくなった。

次の仕事の話をいくつか頂いたけれど、自分の頭の中が整理できるまで働く気が起きなかったので、完全に仕事から離れた生活を送ることにした。とにかく休みたいという気持ちになっていたのは、アフガニスタンで四六時中仕事のことを考えて精神的に張り詰め、燃え尽きかけた状態になっていたのかもしれない。

しかし、この休職期間も、思い通りにはいかなかった。まずは好きなところに旅行しようと、ネパールに行くことにした。国連ボランティアとしてシエラレオネで働いたときに親しくしていたネパール人の同僚が、前から招いてくれていたからだった。私がネパールに到着したのは、ちょうど武装蜂起した共産主義勢力のマオイストが地方で一気に勢力を拡大し始めていた時期だった。私が訪れた地方都市は、私以外の観光客がおらず、閑散としていた。そして、現地で偶然会った国連職員に、マオイストの武装解除について相談をもちかけられた。

普通の休暇を過ごしたいだけなのに、なぜ……。

ネパールのあとに日本に戻り、少しだけ元気を取り戻した私は、「時間があるうちに語学でも勉強しようかしら」モードになった。

いよいよもって「自分探し」の迷路に入り込み始めていた。

そうだ、アフリカで役立つフランス語を勉強しよう。せっかくまとまった休みがあるんだから、今まで縁がなかったおしゃれなところに語学留学に行ってみよう。南フランスだったら、半分旅行、半分お勉強の優雅な日々が過ごせるはずだ。無駄遣いはしたくないけど、今の自分の状態を考えると、荒療治をしないと立ち直れないかもしれない……。

そう思い、フランス南部にある港町のコートダジュールの情報を集め始めた。フランスのことはフランス人に聞くのが一番だ。早速、シエラレオネの国連PKOで仲良くなった同い年の元同僚のフランス人Lに相談した。しかし、彼女からの提案は、予想もしない方向に私を導いていった。

「コートダジュールに行くより、私がいま働いてるコートジボワールに来ればいいよ。ここもフランス語圏だから、勉強できるよ！」

コ、コートジボワール……？

西アフリカ。

あなたの職場って、国連PKOだよね？

私は、リラックスしたおしゃれな語学留学をしたい……。

そんな私に、Lは自信たっぷりに言った。

「大丈夫、ここには海もあるし、ビーチでリラックスできるよ！　語学学校もあるし！　治安も全く問題ないし。何より、うちにタダで泊めてあげるよ！」

たしかに、国連PKOが展開していても、それほど危険ではない国もある（あくまで、私の基準です)。費用の問題も解決できるし、一石二鳥だ。

Lの言葉を受け、その二週間後に、私はコートジボワールの地に降り立っていた。私って、意外と押しに弱いのかもしれない……。

コートジボワールの最大都市アビジャンは、内戦前はアフリカのパリと呼ばれていたこともあって、道路のつくり、レストラン、生活水準はアフリカの中でもかなり高水準で、充実している。焼きたてのフランスパンのバゲットを売るベーカリーがあちこちにあって、フランス人が植民地時代に自分たちが住みやすいように熱心に街を整えたのが分かる。国連のランドクルーザーで空港に迎えに来てくれたLは、2LDKの広いアパートに一人で暮らしていた。家の隣には、テニスコートとプールのあるスポーツクラブがある。確かに、リラックスして過ごせそうだ。

しかし、Lが見つけてくれた語学学校の外国人向けフランス語教室へ入学願書を出しにいくと、受付の男性から衝撃的な事実を伝えられた。

「治安が悪くなって外国人生徒がみんな逃げたから、今いるのはあんただけだ。だから授業はできない」

な、なんだってーーーーー!?

……単に話し相手が欲しかったLに、はめられたの……? 結局、自宅で個人レッスンをしてくれる現地人のフランス語講師を見つけて、週三日教えてもらうことになった。初日に「ボンジュール」しか言えなかった私も、三カ月が過ぎた頃にはある程度の会話が不自由なくできるようになっていた。というより、フランス語で会話ができないと、買い物もできなかったので、死活問題だったのだ。英語が通じる環境だったら、何も身につかなかったかもしれない。

私は、本当にやりたいこと以外は、こうやって退路をなくした環境に自分を放り投げる四面楚歌《しめんそか》方式じゃないと、怠けてしまう性格なのだと改めて自覚した。

この頃、コートジボワールでは、DDRを始める計画段階だったのだが、その国連チームの中に一からDDRを立ち上げたことがあるメンバーがいなかった。そのため、Lから仕事の相談を受けるようになった。

兵士一人につき回収すべき武器の種類や数の決め方、武器を破壊する場所の選び方、司令官が交渉に応じるために必要な要素など、私が知るかぎりのことを伝えた。年頃の独身女性が夜な夜な二人でするような会話ではないことだけは確かだった。お互いにその事実には触れなかったが……。

三カ月間の滞在ビザが切れるため、日本への帰国準備を始めた私は、そろそろ仕事を再開する気力が戻りつつあった。

立ち止まってゆっくり頭の整理をすれば、何か答えが見つかるのではという淡い期待があった。でも、結局、自分の頭の中からは何ひとつ答えが出てこなかったのだ。アフガニスタンで直面した課題を解決するための糸口はまだ分からない。でもヒントは、現場で私の目に映る、現実の中にあるはずだ。立ち止まったことで見えていたゆっくりとした景色も安らぎではなく退屈な印象を私に与えるようになっていた。そろそろ動いても大丈夫、そう思えた。

そんなとき、LからコートジボワールのPKOで働かないかと誘われた。すでに上司や同僚にも相談ずみだと聞いて、必要だと思ってくれたことが素直にうれしかった。

コートジボワールに国連職員として赴任することを決めた二〇〇六年四月。私は二十九歳になっていた。

国連で働くということ、その理想と現実

国連コートジボワール活動（UNOCI）には、結局一年間だけ勤務した。働き始めて早い段階で、私はここに長くいてはいけない、そう感じたからだ。

まず、当時の国連ＰＫＯの枠の中だけでできることが限られていることを、改めて実感した。組織の権限の外で起きる現場の問題――たとえばＤＤＲで兵士以外の被害者を含めた支援策の実施など――に対処したくても、予算獲得から実現までには一年以上の時間が必要になる。シエラレオネで国連ボランティアとして働いたときには、すべてが新鮮で楽しかったから、その事実がそれほど気にならなかったが、その後の経験が見方を変えていた。

また、国連ＰＫＯのミッションごとに、組織やスタッフの雰囲気、そのモチベーションが大きく異なることを知った。シエラレオネのように、破壊されつくした国をゼロから立て直すというミッションの方向性が明確なときには、職員の多くが割と必死に自分のできることに取り組む。一方、コートジボワールの場合は、アビジャンは内戦の爪痕《つめあと》がほとんどない住み心地の良い街だったので、復興や問題解決のために働く必要性を肌で感じることができない職員が多かった。

日々の業務のほとんどが、同じ組織の他部署との仕事の線引きや、仕事をしているふりをするアリバイ作りの報告書作成に費やされる。そして、世界のどこかで紛争が起こると、嬉々として履歴書を更新し、危険地手当の金額を値踏みする職員もいた。

国連ではよくあることだし、待遇を重視する生き方が必要なときもあるだろう。それ自体にショックを受けるほどナイーブではない。でも、自分が単に時間を切り売りする労働をしているような気分になり、こんなことをしている場合ではないと思った。

ちょうどこの頃、ガーナにある国連PKO要員の訓練施設であるコフィ・アナン国際平和維持訓練センターから、DDRの講師として呼ばれることになった。以前、ある訓練に私が参加したときにしたプレゼンテーションを見たカナダのピアソン平和維持センターという訓練機関が、講師役に推薦してくれたのだ。国連を辞めるだけだと、単に目をつぶって問題から逃げただけになるが、訓練センターに関わることで一定の影響を与えることができると考えた。私は、国連を辞め、次の道を模索することを決めた。

二〇〇七年、もうすぐ三十歳になる頃のことだった。

余談だが、国連PKO職員の転職には、よく聞く理由がいくつかある。

まず、仕事にやりがいを感じられないこと。この理由は、どの仕事であっても生じるものとも言えるけれど、国連PKOの場合は、和平プロセスが停滞すると、部署によっては基本的に何もすることがないこともある。しかも生活環境が悪いため、自分の存在意義が感じられず、待ちくたびれてしまうことが頻繁に起こりえる。二〇〇五年に和平合意が結ばれた直後の南スーダンでは、住居スペースが不足しておりテント生活を送らなければならず、そのうえ仕事の待機状態が続き、燃え尽きてしまった人たちが結構な数いた。

また、国連でできる仕事が本当に自分がやりたい仕事ではない、と人生やキャリアにおける優先順位を考え直す人もいる。家族のいる人からは、やりがいがなくなっても国連の待遇が手放せず、なかなか辞められないという相談をよく受ける。

他によく聞くのが、家族や恋人と一緒に暮らしたいという理由だ。基本的にどのPKOミッションも危険地域に展開するため、家族を連れて行くことが許されない。その遠距離生活が結構つらい。最近では、夫婦ともに国連PKOの職員の場合、同じPKOで働けるように転勤の融通をしてくれることもあるらしいし、危険度に応じて四週間から八週間に一度、休暇をもらえる制度がある。ちなみに、この休暇制度は、現地の人たちからすると、「外国人は休暇ばかり取って、いつもいない！」という不満のもとになることもある。

他に多いのは、今よりいい待遇の仕事のオファーがあったため、というもの。基本的に、PKOミッションは短いものだと五年程度のサイクルで大幅にミッションの規模が縮小される。だから転職することが前提でミッションに参加している人々は多い。多くの職員が、常に次の仕事探しをしている。ただ、ある知人は、赴任して一カ月しかたたないのに、すぐに待遇が良いからと他の国連機関に転職していた。国連で新しい人を雇い直すには、手続きに三カ月以上時間がかかるので、こんなことをされると現場にとっては大損害だ。

珍しいケースだが、私の知り合いには、現地にできたガールフレンドともめているので、とりあえず逃げたい、という人がいた。私の元男性上司も、アフリカのある国で、現地でできた彼女と別れ話でもめて、相手がヒットマン（暗殺者）を雇い、殺されかけ、彼女の倍の報酬を払うとヒットマンと交渉して、命からがら難を逃れたと言っていた。……笑えない話だ。

国連PKOでは、日本の昼下がりのドラマも真っ青の、泥沼の愛憎劇が繰り広げられていることが多い。観察している分には面白いが、とにかく狭い世界なので、自分が当事者になったら世界をまたいで噂が駆けめぐる。今後この仕事を志す人は、十分に気をつけたほうが良いと思います。

国連、外務省、ＮＧＯの共通点と違い

私は、外務省、国連、ＮＧＯなど、自分の専門を軸にしながら、所属をそのつど変えて働いてきた。どの組織でも役に立てる人間は、現場のあらゆる問題に対処できる本質的な力を持つはずだと信じていたからだ。だから、どこの組織に所属しているかは、あまり重要視してこなかった。そして、その考え方は、正しかったと思っている。

自分がどれだけ立派な肩書を持っていても、現場の人々の抱える目の前の問題を解決できなければ、紛争地では何の価値もない。ルワンダでＮＧＯ職員として働いていたときに、選挙の前後に現地情勢が緊張しかけたことがあった。そのときに、何かあっても自分には目の前で日々接する仲間たちすら守る方法が分からないことを痛感した。このときは、無力な自分が情けなくて、家に帰って一人で泣いた。紛争による不条理さを一番に感じている現地の人たちだって泣いていないのだから、私は人前では絶対に涙を見せないように心掛けていたのだ。そして、少しでも頼りがいのある人間にできる限り早くなろうと強く思った。

組織名や役職は、交渉のときなどに、相手に与える印象を多少は左右する。それを利用する場合などには、役に立つこともあるだろう。でも、所属や肩書がないと自分が何者なのか分からなかったり、自信が持てないのは、自分自身が肩書に負けているということだ。転職しても、「元〇〇職員」だったり、過去の栄光を持ち出したりしないと自分の自信が保てない場合は、過去の自分に負けているのだと思う。

私は、外務省や国連に入る前は、「上から目線で現場を軽視する人ばかりいるのだろう」という偏見を持っていた。でも実際は、組織にのまれず、なすべきことをやろうとする人が、どの組織にも必ずいた。そして、その人たちと同僚として働くことができ、しかも所属や肩書が変わっても、恐らくずっと互いに敬意を払って協力し合うことができることをうれしく思っている。

どの組織に属しているかは関係なく、真摯《しんし》に働いている人たちの存在を知っている今、あまり一般化はしたくないのだが、あくまで私の経験に照らして、それでも多少はある外務省、国連、NGOのそれぞれの役割の違いを簡単にまとめてみたいと思う。

まず政府関係機関、つまり外務省などは、ある特定の国や地域、課題に政策レベルで深く関わることができる。また、部署によっては担当官一人の裁量が大きい

（＝人員不足ということでもある）ので、自分が望んで動けば大きな責任を持った仕事ができる。例えば、私がアフガニスタン大使館で働いていたときは、私自身もかなり重要な判断を行う役割を担っていた。そして日本の外務省のアフガニスタン担当官も、実質一人しかいなかった。その分激務で大変そうだったが、日本のアフガニスタン戦略の原案を自分一人でつくることができるため、やりがいがとても大きいとのことだった。ただし、正規職員の場合、必ずしも希望の部署に配属されるわけではない。

また、国連やNGOの活動資金の一定額は政府からの援助で成り立っているため、政府内部にいる自分が尽力すれば、さまざまな機関に対して現実的な提案や連携もしやすくなる。官僚批判をよく耳にするようになって久しいし、確かに自分自身が外務省員として大使館で働く中で、失望したこともあった。しかし、それと同じくらい、日本の外交のため、現場レベルでひたむきに、自分が持てるものを捧げている人たちがいるのだ。そういう人たちに活躍してほしいし、多くの人たちにその存在を知ってほしいとも思っている。

次に国連の場合。国連は、世界中からスタッフが集まるので国際色も豊かだし、その中でいろいろと学ぶことも多かった。また、プロジェクト予算は、数億、数十億、ごくまれに数百億円の規模になるため、大規模なプロジェクトに関わることができるという魅力もある。また、国連機関によっては、食糧、難民、子どもなど、専門性に特化した活動を直接実施することもできる。それぞれの分野にスペシャリストが集まるので、専門性を磨くにも適している。一方で、国連は機関によっては自ら事業を行うのではなく、その事業の多くをNGOに委託するため、現地レベルの取り組みを自分が直接行うことができないことも多い。組織の担当分野を超えた行動がなかなかできないジレンマもある。私が国連職員の立場で、コートジボワールの兵士の社会復帰の仕事をしていた時は、兵士以外の現地の住民の問題を目の当たりにしても、私個人ができること、しても良いことは限られていた。

最後に、NGO。日本のNGOは、例外はあるものの、数十億円単位の大規模なプロジェクトを実施することは、ほとんどない。ただし、NGOは、政府単独では実施できない社会的な役割を担っており、現地住民との折衝、企画立案、実行から評価まで直接関わることができる。多くの経験を積み成長できる速度は他の機関に比べて速いのが強みだと思う。

欧米では、NGOは、プロ中のプロとして、高度な専門性を持つ集団であるという認識がされており、政府とも対等な協力関係を築き、国連機関より待遇が良いところもあるくらいだ。一方で、日本のNGOは、長い間ボランティアと同意語のようにみなされてきたため、待遇も国際機関や民間企業に比べると低い。ただ、近年はNGOの役割への理解が進み、ずいぶんと改善してきていると思う。企業などの各分野の専門家との連携も進んでおり、組織によって、財務、ロジスティクス、マーケティング、危機管理など、プロと呼ぶに足りるスキルを備えたNGO団体が増えている。

また、NGOは、組織の活動目的をどう設定するかによって、政策レベルの提言を行うアドボカシー事業を行うこともできるし、シンクタンクのように調査に特化することもできる。志と手段とスキルさえ確立すれば、専門性に特化したどんな活動でも実現できるのだ。私が、NGOに可能性を見いだしたのも、この理由が一番大きい。

III WORKS AT JCCP

生きる選択肢を、紛争地の人々へ

壊れた組織を立て直す

コートジボワールの国連PKOで働いて半年ほどたった頃には、国連を辞めることをすでに考えていた。DDRの一定の枠組みができあがったあとのコートジボワールでは、DDR担当官として私がしている仕事は、必ずしも私じゃなくてもできる、そう思った。他のDDR実施地域で経験のある後任を探す一方、私自身が考えなければならないことがあった。自分は、これから何をすべきなのだろうということだ。

最初は、フリーランスの国際コンサルタントになろうかと考えていた。当時の私は、武装解除という少し特殊な専門を持つものの中でも、国連職員、兵士や警察官に対して訓練を行う立場にあった。そのため、コンサルタントとして独立した場合の当時の私の国際謝礼基準は、諸手当を含んだ単純計算で、年額二十万ドル、当時の日本円でおよそ千六百万円と試算されていた。

しかし、コンサルタントではなく、日本に基盤を置いて活動をするという自分の向かう方向が決まったきっかけは、西アフリカのコートジボワールで、国連の同僚とお茶を飲みながら、私が発した何気ない言葉からだった。

「日本の外交って、なんとなく頼りない。国際協力や武装解除にもお金はたくさん出してるけど、専門家もほとんどいないから日本としての顔が見えないし、一貫性がないから印象に残らないんだよね」

「紛争地での長期的な支援に専門的に取り組むNGOも、日本にはほとんどない。NGO自体がプロとして活躍している欧米と比べても、財政基盤もまだまだ弱い。待遇も厳しいから、良い人材が集まりにくい」

「日本では、多くの人が国際問題なんて関係ない世界のことだと思ってる。日本の世論も、世界の紛争や平和の問題への関心が薄い。テレビ番組でも、視聴率が取れないらしくて、あまり取り上げないみたい」

したり顔で、そう日本の批評をしていた私は、ふと気づいてしまった。自分が、外野席から野次を飛ばすだけで、自らが動くつもりは一つもない無責任な人間であることに。

一旦気づいてしまうと、手をつけていない夏休みの宿題のように、そのモヤモヤは私についてまわった。見て見ぬふりをすることもできる。でも、そのモヤモヤを封じ込めた箱は、続かなかったジョギングや、途中であきらめた資格の勉強のことを閉じ込めた箱のとなりに陣取った。そして、それ以上の存在感で頭の片隅に居座り、たまにコトコトと音を立てて、私に罪悪感を与えた。

国連や政府機関という枠組みの外に出ることを決めていたことと重なって、その箱はとうとう私に問いかけだした。

「文句を言うだけじゃなくて、自分が日本をどこまで変えられるか、やってみたら? 紛争地の人たちにも、そうやって自分の人生を切り開くように伝えてきたのだから」

紛争地と日本をつなぐ役割を果たせるようになりたい。そして、世界の問題に日本がどう関わっていくべきか、そのあるべき姿を作っていきたい、そう思った。アフガニスタンで日本大使館員として働いたときに感じた、あの大きな挫折感を乗り越えるために、自分がとるべき選択肢だと素直に感じた。

国際コンサルタントになるとすると、国連機関や外国の政府が主な顧客となるため、日本とのつながりがまったく持てなくなってしまう。だとしたら、日本で起業するか、NGOを立ち上げるかだ。

そうして具体的な準備を始めようとしていた矢先に、日本紛争予防センター（JCCP）から、空席だった事務局長への就任の打診があったのだ。

知り合いのほとんどは、私がJCCPに行くことに否定的だった。当時のJCCPは、役員の運営方針の違いで組織が分裂しかけて、一時期は閉鎖も検討されていた状態だったからだ。かろうじて存続が決まり、問題の原因だった役員人事は解決していたが、カンボジア事務所を残し海外の事務所はすべて閉鎖されていた。動いているプロジェクトはゼロ。東京本部に職員が一人いるだけで、組織としてはほぼ機能が停止している状態だった。

沈んでいく泥船のようだと言った人もいた。でも、紛争で壊れた社会を立て直す仕事をしていると散々言っておきながら、実際には壊れた組織一つも立て直せないような人間では、ちゃんちゃらおかしくてプロとは言えないのではないだろうか。

コンサルタントになったときの収入を手放すことに、躊躇《ちゅうちょ》はなかった。とはいえ、私は、「清く貧しく」が素晴らしいと考えているわけではない。専門性をもつ人は、プロとして、それに見合う収入を得るべきだし、日本のNGOはそういう意味でさらに変わっていく必要があると思う。ただ、このときは、他の人たちがリスクだと言ったことが、私にはたくさんの可能性に見えたのだ。それに、手放す収入を上回る付加価値を生むくらいでないと、やる意味がない。

こうして私は、勤めていた国連を辞め、NGOであるJCCPの事務局長になった。二〇〇七年四月、三十歳のときだった。私に打診をした当時の理事長である堂之脇光朗が、日本の将来のためにと、すべての負債を背負って組織の存続を決断し、理事長の役割を引き受けるような人だったことも、迷いがなかった要素のひとつだ。そして、私が事務局長を受けるうえで出した唯一の条件である「組織の今後の事業方針や戦略を私に一任してもらうこと」も、彼は私のことを信頼して受け入れてくれた。

それから四年あまりが経った二〇一一年。JCCPは、東京本部の他に、ソマリア、ケニア、南スーダン、マケドニアに現地事務所を置くようになり、十五カ国でプロジェクトを実施してきた。スタッフの数は、日本人十六人を含む四十人ほどに増えた。もちろん、目指すものに対してまだまだ小さい組織だ。でも、既存のNGOの枠を越えて、解決策が見つかっていない紛争地の問題に取り組んでいる世界でも数少ない専門団体だという自負がある。

紛争とは、平和とは

紛争は、人が二人いれば起こりうる。世界で起こっている大規模な武力紛争も、もとをたどると一部の権力者の勢力争いや、利権を巡る争いがきっかけで起こっている。一般の人たちが、それに煽《あお》られたり巻き込まれたりすることで、紛争が拡大していくことが多い。

銃弾が飛び交う紛争地で生きる人々は、生き方を自分で選ぶことができない。停戦合意や和平合意が結ばれ戦闘状態がおさまると、誰かにいきなり命を奪われる確率はぐっと下がる。取りあえず、生きていくことができるという選択肢は生まれる。

それでも、紛争の直後で、食べるものもなく、家も壊され、けがや病気を治す医者も病院もない状態では、最低限必要な生活すらままならない。そこに、食糧、住居、医療などの支援が届けば、数週間後、数カ月後、どのように生きていくかを考えることができるようになり、さらに生きるための選択肢が増える。復興が進み、学校建設や町の開発などが始まれば、自分の意志で進路や職業が選べる選択肢が増えていく。違法な武器や犯罪を取り締まる仕組みが整備され、他人を傷つけないルールをみなが守る社会になると、何の理由もなく自分の生活が脅かされる心配をしなくても済むようになる。そして、子どもや家族の将来の人生を計画し、どのような社会を築いていくかを選ぶことができるようになっていく。そうやって自分で選べる生き方の選択肢が多いほど、その社会は平和な状態だと思う。

そのため、JCCPの活動は、「紛争地の人々に生きる選択肢を増やす」ことを目的としている。

それを実現するための手段として「人材育成」を行う。なぜなら、最終的に、その国が外部の援助なしで独り立ちするうえで、一番の課題になるのが人材不足だからだ。内戦により、働き手となる多くの人々が亡くなったり国外に逃れてしまったりしている場合もある。争いが数十年以上続いて国家が破綻《はたん》していたために、国家運営をどのように行うのか、国民の義務と権利が何なのかという基本的なことを知る人がほとんどいないこともある。人材育成の対象は、国連、現地政府、現地NGO、子どもたちなど、私たちが携わる活動ごとに、さまざまだ。現地コミュニティで支援を行うときは、必ず現地のNGOや施設と提携し、活動しながら能力強化を行うようにしている。そして、そのNGOが独り立ちできるようになったら、事業を引き渡すことにしている。

ＪＣＣＰの活動分野は、現地にニーズがあるのに、やり手がいないために問題が解決されないままになっているものに特化している。すでに専門的に活動する団体がいる分野は、その団体に任せたほうが、私たちがゼロから始めるよりもはるかに効率がいいからだ。

紛争で壊れた社会が平和な状態に戻るため、まず一つ目のステップとして不可欠となるのが、人々が安全に暮らせるようにするための「治安の改善」だ。これには、紛争国が単独で残党兵や部隊から国や住民を守ることができない場合に、国連や地域機構による平和維持軍を一時的に抑止力として展開することも含まれる。ただし、基本的には、その国が単独で国民の安全を守る体制を整えるために、ＤＤＲ、警察改革、司法改革、軍の再建などを実施することを指す。

治安の改善と同じくらい、緊急的に必要となる二つ目のステップが、人々が「最低限の生活環境」を得ることだ。これには、衣食住を得て生活することの他、病気やけがが、精神的なトラウマなどを負った人たちへの対処も含まれる。

三つ目が、人々が「経済的・社会的な自立」を果たすことだ。この部分では、それまで人々の生活を成り立たせていた援助から脱し、現地の経済活動やビジネスに乗せることで、自活して生きる道を築くことが必要となる。また、紛争や暴力により心に傷を負った人々への心のケアも重要だ。

そして、多くの紛争地で息の長い取り組みが必要となる四つ目のステップが、「和解」だ。争い合った民族同士の場合もあれば、被害者と加害者の間で求められることもある。

STEP1　治安の改善 in ソマリア

「日本では、最近、婚活っていうのが流行ってるんだよ。ちなみに、ソマリアの恋愛市場で人気のある男性って、どんなタイプ?」

そう尋ねる私に、周りを気にしながらも、楽しくて仕方ないという満面の笑みで答えるのは、JCCPが育成した二十代のソマリアの女性たちだ。ソマリアでは、女性の立場が弱く、人権侵害されていることが問題になっているが、都市部の女性たちは、こういうガールズトークにもかなりオープンに対応してくれる。

「ソマリアで人気がある男性は……国連職員か、海賊かな」

「そうなんだ……」

単なるおしゃべりも、ときには現地の情勢をとらえる貴重な情報源になるものだ。海賊を海の上でどれだけつかまえても、その職業へのあこがれが女性にまで浸透している状態では、もぐらたたき状態で希望者は増えるばかりだ。海賊や武装勢力に参加する若者たちが多いのは、他に仕事がないからだ。でも、もし、その職業がある種のあこがれの対象や流行にまでなっているのなら、雇用を増やす取り組みだけでなく、心理的に意識を変える取り組みも必要になってくるだろう。

ＪＣＣＰがソマリアに関わるきっかけになったのは、二〇〇九年の初めに、国連開発計画（ＵＮＤＰ）からかかってきた一本の電話だった。電話口の相手は、カナダ人のＤだった。元軍人で、その後、大手のＮＧＯやユニセフで十五年以上働いたあと、ＵＮＤＰ職員として、シエラレオネやハイチで働いていた。彼とは、私がシエラレオネの国連ＰＫＯで働いていたときに、彼がＵＮＤＰで担当していた小型武器の回収プロジェクトを手伝って以来の仲だった。

「ソマリアで、世界的にも新しい治安改善のプロジェクトをすることになって、俺が責任者になったんだ。ルミコは前から、このままのＤＤＲのやり方では問題があるから、解決策を考えたいって言っていただろう？　それを一緒にソマリアでやらないか」

ソマリアでのこの取り組みは、コミュニティ・セーフティ・プロジェクト（Community Safety Project）と呼ばれるものだった。私がアフガニスタンやシエラレオネで感じた武装解除の限界を越えることを目指した新しい取り組みだ。それまでは置き去りにされていた現地の住民が、自らの手で地域の治安上の問題を解決することができるようにするのが、基本コンセプトだ。ただし、ハイチで実験的に実践されただけで、二〇〇九年の時点では、いまだにトップダウンの大規模なDDRが国際的には主流だった。

彼によると、専門家の募集を国際的にかけてみたものの、応募者の中に適任者がいなかったため、再募集をしているのだという。確かに、誰もしたことがないプロジェクトなので、専門家もほとんどいないだろう。というか、そもそも、私もやったことはない。

「経験していなくても、できそうだという可能性さえあればいいんだ。今の応募者の中には、それさえもないし、このままじゃ、最初から暗礁に乗り上げるよ。四カ月だけでいいから、協力してほしい」

じつはDには、借りがあった。私が、シエラレオネの国連PKOからアフガニスタンの日本大使館に移ったときに、シエラレオネでほぼ決まりかけていた彼のプロジェクトで働くオファーを、私は断っていたのだ。それに、今まで誰も解決策を見つけてこなかったことに取り組める機会は、めったにない。その経験は、現場に還元できるだけでなく、JCCPや日本にとっても価値のあるものになる。

ただし、JCCPの事務局長として、当時はカンボジア、スリランカ、ケニア、セルビアなどでの事業を抱えていたので、四カ月もの間事務所を空けるわけにはいかない。交渉の結果、一カ月ごとに現地滞在と日本への滞在を繰り返し、移動経費はすべてUNDPに負担してもらうことになった。

東部アフリカに位置するソマリアは、アフリカの角《つの》と呼ばれる形をした地域の、まさに「角」にあたる部分の国だ。一九九一年から二〇〇九年当時も内戦により事実上の無政府状態が続いていたため、取り締まる政府もない。陸も海も無法地帯だった。国の北西に位置するソマリランド、北東のプントランド、首都モガディシオの位置する中南部の三地域に分かれているが、地域ごとに治安情勢は大きく変わる。ソマリランドは比較的治安が安定しているが、となりのプントランドとの間で境界線をめぐって紛争を抱えている他、ソマリアからの独立を宣言しており（国際的には未承認）、ソマリアの他の地域との軋轢《あつれき》を抱えている。プントランドは、海賊の一番の活動拠点である他、氏族（クラン）と呼ばれる血縁関係に基づく部族間の闘争が頻発している。そしてソマリア中南部は、首都モガディシオを中心に、暫定《ざんてい》政府（TFG）を支えるPKOであるアフリカ連合ソマリアミッション（AMISOM）と、イスラム系反政府勢力であるアル・シャバーブとの間で激しい戦闘が続いている。アル・シャバーブは、アルカイダの支援を受けており、二〇〇九年から二〇一〇年にかけて、ソマリア中南部のほぼ全土を占拠し、主要な港町を日々陥落《かんらく》するほど勢力を拡大していた。この時期、国際社会が支援する暫定政府とAMISOMは、首都モガディシオの十キロメートル圏内を維持するのが精一杯で、反政府勢力に対してあきらかに劣勢であった。

反政府勢力アル・シャバーブは、極端なイスラムの戒律を進めようとしているが、とくに女性への人権侵害が問題となっていた。三人の男性にレイプされた十三歳の少女に対し、男性を誘惑した罪で公開で石打ちによる処刑が行われたりもした。イスラムの教えに反するとして、女性がブラジャーを着けることを禁止し、着用していた女性を公開でムチ打ちの刑にしたりもしていた。

そんな情勢不安定なソマリアに出向き、治安を改善するためのプロジェクトをするということに、冗談だろうと言う人もいたし、不可能だと言う人もいた。でも、そこにニーズがあり、一パーセントでも可能性があるのだとしたら、いつか誰かが始めなければならない。今回は、たまたまその役割が私たちに回ってきただけだ。

治安を守るために必要な仕組みとして、皆が安全に暮らすためのルールである「法律」、そしてそのルールを守らない人を取り締まる「警察」、法律を守らず罪を犯した人が更生し罪を償うための「刑務所」、法律を守らなかった理由と無実ではないかを確認するための「裁判所」が必要となる。ソマリアは、無政府状態のため、これらの仕組みが存在しない地域が多いのが現状だ。

ＤＤＲを含め、それまでの治安改善プロジェクトは、その国の文化や伝統を無視して、一方的に日本や外国があたりまえだと思っている仕組みを押し付ける形で行われることが多かった。そのため、現地でうまく機能しなかったり反感を呼んだりして、逆効果になったこともあった。ソマリアのプロジェクトでは、伝統的な社会の仕組みをすべて壊すのではなく、残すべきものは残し、時代に合わせて変えたほうが良いものは変え、互いを融合する方法を取ることになった。

例えば、ソマリアでは、村で犯罪が起きたときには、被害者はまず長老や村の宗教指導者に報告に行き、警察には届けないことが多い。自分の所属する氏族の長老のほうが、素早く対応してくれるし、警察より信頼できると思う人が多いからだ。

それに、そもそも警察署や裁判所、刑務所の数が足りない。見たことすらない人もたくさんいる。だから、長老に訴えるという伝統も残しつつ、警察の訓練や裁判所、刑務所の建設も進めて、今の段階ではどちらも選べるようになっている。

ただし、伝統的な問題解決の仕組みも、万能ではない。よく見られるのが、やはり女性や子どもの立場が弱いことだ。

例えば、ソマリアのある氏族の伝統では、殺人を犯しても、加害者が被害者の家族にラクダ百頭を渡せば、無罪放免になる。お互いが納得していればこのやり方でも問題はないだろう。でも、女性が被害者の場合は、ラクダは五十頭だけですむ。あり得ないくらいの、男女の格差があるのだ。それでも、まだその社会が満足していれば、問題ないと私は思う。でも、ソマリアで伝統的に行われている「報復」が絡むと、事態はややこしくなる。もし男性がある女性を殺害し、その女性の家族が犯人の男性を報復のため殺害したとする。その場合、最初の女性被害者の家族が、加害者であった男性の家族に、差額分のラクダ五十頭を渡さなければならないことになるのだ。

その他にも、女性が性犯罪の被害に遭っても、まともに取り合ってもらえないし、誰にも言えずに泣き寝入りすることも多い。また、何かの罪を犯した犯人が逃げた場合、その家族が代わりに逮捕されたり、罰として被害者の家族に引き渡されることもある。ある十四歳の少年は、自分のいとこが犯した犯罪のため、二年以上も刑務所に服役していた。伝統的な仕組みのうち、これらのような問題点は、現地からも反対の声があるため改善していく必要があるだろう。

ソマリアのプロジェクトに参加してから最初の六カ月間は、私個人が専門家として関わり、プロジェクトの枠組みをつくった。その枠組みに基づいてプロジェクトを実施する時期になってから、ＪＣＣＰに組織として関わってほしいとＵＮＤＰから要請があった。うれしい半面、相当なプレッシャーを感じた。

世界的にも珍しい取り組みというだけあって、このプロジェクトは、初めから未知の出来事の連続だった。まず、ソマリアの各地域ごとに、内戦や犯罪の被害がどれだけ発生しているか、その主な原因は何なのか、人々が信頼している問題解決法は何か、人々が信頼していないものは何か、などを把握する必要があった。日本だと、警察が犯罪の件数や被害者の情報を集めている。が、繰り返すがソマリアでは警察署がいまだ存在しない地域が多い。戦闘による正確な死亡者数も分からないため、路上の死体を数えて集計する活動をしているＮＧＯがあるくらいだ。そのため、一

公式情報として使える信頼できる分析結果を出すことを目指した。

から被害情報を入手し分析を始めた。現地NGO経由で採用した若者を訓練して、地域ごとに無作為抽出で八百ずつ住居を選び、聞き取り調査を行うことになった。

質問票の作成と現地NGOの訓練は私が担当できる。でも、分析に必要な確率・統計は、私が大の苦手としている数学の領域である。それに、どちらにしろ、データ分析のプロが必要だ。そのため、分析担当スタッフとして中川秀幸が加わってくれた。彼は、アメリカで開発経済学の博士課程に所属している傍ら、すでに国際機関のコンサルタントとしても活躍していた。二〇〇八年にJCCPにインターンとして参加してくれたときに、その働きぶりと専門性から、いつか一緒に働いてほしいと思っていた人物だった。彼は、地元の長老や複数の現地NGOから情報収集して、独自に地図を作るなど、データ分析以外にも精密な作業をしてくれた。調査のために訪問する町や村も無作為に選ぶ必要があるのだが、三十世帯程度の小さな村は乾期になると別の場所に移動してしまうし、地図に載っていない村も多かった。そして、そのような村の数が地域ごとに百をゆうに超えていた。

さらに各地で集められたデータを、オンラインでケニアにあるJCCP事務所に集めるためのネットワーク整備をしてくれたのが、IT担当スタッフの斉藤隆祐だった。彼は、日本の民間企業でシステムエンジニアとして働いたのち、オランダで

ソマリア北部の街ハルゲイサで。地元の少年たちに話しかけると、日本人を見るのは初めてということもあり、みな興味津々になる。でも、小さい子どもは泣き出したりすることも。

社会起業のMBAを取っていた。彼とは実は大学時代からの知り合いだった。MBAが終わるのと同時に、ソマリアの事業に参加してもらえるようにお願いした。また、ITエンジニアのケニア人女性職員のジュディスは、JCCPにくる前にGoogleが主催した東部アフリカの携帯アプリコンテストで優勝し、アメリカのGoogle本社に招待されたこともある人物だった。ちなみに、中川も斉藤も、ほぼ初めてのアフリカ訪問が、なぜかもっとも危険とされる国・ソマリアという、かなり特殊な経験をすることになった。

二〇一〇年十月までに、首都モガディシオを含む六地域で収集したデータに基づいて、それぞれの地域が抱える治安上の問題点に対して、どのような解決策を実行すべきかを割り出すことができた。ただし、この調査結果を住民に押し付けるのではなく、あくまで彼らが問題解決について話し合うときに指針とできるような、客観的なデータとして活用してもらうことになった。そのため、住民に計画立案能力をつけてもらうようにと、住民の訓練も行っている。

具体的な解決策の実施はこれからだが、村によっては、警察がいない地域で村の治安を守るための自警団の設立などを検討している。南スーダンでも同様の試みが開始された。

ソマリア北部の港町ボサソで、現地の若者に対して、治安情勢を分析するためのデータ収集方法について訓練している様子。会話にはソマリ語と英語が飛び交う。

将来、同じような問題を抱える他の国でも活用できるくらいの成果を出せればと思っている。

ちなみに、二〇一一年八月から、この住民主導の治安維持体制をつくる仕組みを基礎にして、民兵やギャングなどの武装解除を行う事業をＵＮＤＰを含む三つの国連機関とともに開始した。新たなプロジェクトの開始とともに、ＪＣＣＰは現在もソマリア北部のソマリランドに拠点を置いている。ＪＣＣＰが主に担当する予定なのは、武器と兵士の登録システムの構築。そして兵士や村の住民たちが暴力を用いず問題解決をできるようにする能力強化研修だ。

兵士や住民たちが暴力に訴え、殺傷能力が高い銃火器を使えば、死傷率は高まり、被害者数も増える。だから武器の製造や売買に制限をかけつつ、現場で不要な武器を回収・破壊することができれば、被害は大きく食いとめられる。

しかし、日本から銃やナイフなどをなくせば、凶悪犯罪はなくなるのか、また、銃やナイフをすべてなくせるか、という問いと置き換えて考えてみれば自明なように、犯罪に使われる凶器すべてを回収するのはほぼ不可能だ。それに凶器というのは、あくまで犯罪を行う「手段」であり「道具」なので、その使い手である「犯罪者」や「犯罪の動機」にも対処しないと、結局別の方法を使って犯罪が行われることは防げなくなる。紛争地でも同じように、「武器」をなくすだけでなく、その武器を使って戦いに参加した「兵士」や「戦闘員」が再び争いや暴力を行わないようにするための対応が必要になるのだ。

STEP2 最低限の生活環境と心のケア in ケニア

日本では、サファリやマサイ族、キリマンジャロ山で馴染みのあるケニアで大規模な暴動が起きたのは、二〇〇七年十二月のことだった。ケニアにJCCPの事務所を開設する準備のため、私はこのタイミングで偶然、首都ナイロビにいたのだった。この暴動で、千人以上が亡くなり、三十万人以上が焼き打ちなどで家を追われて、国内避難民となった。アフリカの優等生と呼ばれていたケニアでこのような暴動が起こった原因は、異なる民族出身の大統領候補二人が出馬した選挙で、開票結果に不正があったのではないかという疑いが生じたことだった。その結果、民族間の対立が発生し、ケニア全土に被害が広がった。

この暴動から半年後、私は、ケニア中部のリフトバレー州にある荒野に立っていた。そこには、ケニア各地で家を失った避難民たちの一部が、争いのない新しい土地を探して移り住んでつくられた村があった。でも、すべてを失いお金をほとんど持たない避難民たちが買うことができる土地なんて、たかが知れている。その土地は、まわりに木も全く生えておらず、山からの吹きさらしの強風が直撃する。そして、井戸を掘っても水が全くでない不毛な土地だった。避難民たちは木の棒とビニールシートでつくったよれよれの掘っ立て小屋のような、家とも呼べないところに住んでいた。雨が降れば中が水浸しになるし、風が吹けばテントが吹っ飛ぶ。

「私たちは、すべてを失ったんだ」

村人およそ二百五十人が集まった会合で、村長は私たちに訴えた。

普段、ＪＣＣＰは建設系の事業は行わないことにしている。専門とする「人材育成」という手段に特化したほうが、より専門性やノウハウが深められるからだ。しかしこの時は、例外的に、住居建設と給水パイプ工事を行うことにした。なぜなら、まともな家も食料も持たない人たちに「平和について考えよう」と言っても、生きるのに必死で、みなそれどころではない。住民たちが、一年後、五年後の村の姿を考えられるようにするには、最低限の生活を送ることができるようにし、将来のことを考える心の余裕を生む必要がある。

この村では、現地で手に入る石や泥などの材料だけは住民に集めてもらい、家を建てる実作業も自分たちで行ってもらった。私たちのポリシーの一つが、現地の人ができることは、現地の人にやってもらう、ということだ。私たちは、基本的に住民たちをあまり被害者扱いしない。一時の過剰な善意が、ときに「援助慣れ」を生み、人々の立ち上がる力まで奪ってしまう現場を、過去にいくつも見てきたからだ。私たちができるのは、彼らが自力で歩き出せるようサポートすることだ。無理をして一度に大量の支援をしてそれっきりになるよりも、自分たちができる範囲で、相手が自立できるまでの節目節目に必要な協力をすることが必要だと思う。だから、その日に感謝されることよりも、数年後に振り返ったときに、「あのときは難しいことを言う人たちだと思ったけど、あれでよかった」と思ってもらうことを目標にしている。

私たちが全てをしてくれないことを知った住民たちからは、当初は大ブーイングが起きた。そして、お互いの根気比べが続いた。このときに、相手が本当にできないことなのか、頑張ればできるのかを、こちらも見極める必要がある。そして、どうしてもできなそうなものだけは、協力することを考える。この村の住民たちは、すぐに家をつくるための石を集めるようになった。できないと思い込んでいたことを徐々に自分たちが実行していくうちに、家をつくる作業も楽しんで行うようになり、最後はへっぴり腰の私に家のつくり方を教えてくれるようになった。

給水パイプの設置については、ちょっとしたハプニングがあった。この土地は井戸水も出ないことがすでに調査で分かっていたため、十キロ離れた山の水源から給水パイプを引く工事を行うことになっていた。このときも、パイプを引くまではJCCPが行うが、その水を貯めておくために村に設置するプラスチック製の大きな給水タンクは、村人がお金を集めればギリギリで買えるため、そうするようにと伝えていた。自分たちが金銭的な負担をしなければならないこともあり、これには家の建設以上の反発があった。JCCPが主導して、水管理委員会を住民たちの間で組織してもらい、村人からの集金の方法や、その管理方法、壊れたときのメンテナンスの仕方などの研修を始めたら、ようやく自分たちにもできると感じてくれた。

しかし、今度は、村のどこにタンクを設置するかでもめだした。そして、二つの派閥ができ、仲たがいに発展していった。多少の対立や議論は仕方がないので、とりあえずは静観していたが、より深刻な事態になるようだったら、仲介しないといけない。

四カ月の工事の末、給水パイプがとうとう村まで届いて水が流れた。住民たちは大喜びだ。それと同時に、タンクの設置場所を巡り、さらに対立が深まった。

ケニア中部のリフトバレー州の元難民たちが集まってできた村で、支援によりできた水場に集まる女性と子どもたち。荒野だった土地で、野菜を育て収入を得ることができるようになった。

ところが、水が開通した数日後。水源近くの金属製のパイプの一部が盗まれて、水が届かなくなってしまったのだ。工事資材の窃盗《せっとう》は、ケニアでは比較的よく起ることなのだが、水源が山奥にあったので私たちも油断してしまっていた。住民たちは、天国から地獄の底に突き落とされ、この世の終わりのような顔をしていた。一度水がある生活を味わっただけに、悲しさもひとしおだったことだろう。

しかし、この事件が、意外な転機となった。それまで対立していた住民たちが、犯人探しのために一致団結したのだ。水が全く来ないことに比べたら、自分の家から水場が遠いなんてちっぽけなことだと気づいたようだった。渦中にいて熱くなっているときは、なかなか冷静になれないこともある。とりあえず、一安心した。

でも、「犯人をつかまえたら、ボコボコにしてやる」と息巻く村長と住民たちに、「私たち、紛争予防センターなんで、平和的に解決してほしいんだけど……」となだめるのに、当時、現地に赴任しこのプロジェクトを直接担当していたJCCPのプロジェクト責任者・高井史代と、ケニア人職員のアリスはかなり苦労していた。

結局、住民たちは、再発防止のために順番で毎日パイプ沿いをパトロールすることを決めた。住民とJCCPの間で、パイプ工事が完成したあとは、住民の責任で費用負担とメンテナンスをするという覚書を交わしていたからだ。盗難防止のために、金属製のパイプをすべて強化プラスチック製に差し替える費用は、ＪＣＰが例外として負担した。でも、住民たちは覚書の通りに責任を持って、一部のパイプ購入のための資金を出したのだった。

この村は、その二年後には、住民たちが水を利用して畑を耕し、緑に囲まれた立派な集落になった。野菜を市場に出荷して、定期的に収入を得ることもできているし、子どもたちも学校に通えるようになるまで復興した。そして、いつの間にかちゃっかり小さなソーラーパネルを購入し、携帯電話を充電する村長の姿を見て、この人たちはもう大丈夫だと感じることができた。

その後、二〇一一年十月までの二年間は、この村を含む周辺のコミュニティで、農業を通じた民族間の和解促進プロジェクトを行っている。

農村部から一転し、貧困層が密集して暮らすケニアの首都ナイロビのマザレスラムでは、家の焼き打ち、暴行の他に、女性や子どもに対する性的暴力が発生していた。八人の男性にレイプされた十歳の少女もいた。ただし、それを親にも言えずにいた。

「仲がよかった友達に脇腹を刺されたんだ。民族が違うというだけで、あの日からすべてが変わってしまった」

首都ナイロビのスラムに住む二十代の若者ヘンリーは、とっさに死んだふりをして一命を取りとめたが、瀕死《ひんし》の重傷を負った。貧しい人々が密集して暮らすスラムでは、二〇〇七年の暴動の後も、そこから引っ越すこともできずに、多くの人々が以前と同じように生活を送っていた。しかし、推定四十万人がひしめきあうマザレスラムで、人々が抱える心の問題にまで踏み込んだ支援を行う団体はほとんどなかった。自分自身が襲われた者、家族を失った人、殺害現場を目撃してしまった子ども、家が焼かれ喪失感を感じる人など、彼らの心の傷は、その原因も深刻度もさまざまだ。ただし、誰にでも共通していたのは、体調が悪かったり、無気力状態となったりしている原因が「心の傷」であるということに、気づいていないということだった。自分が「トラウマ」を抱えたことに気づかない人が、妻や幼い子どもに不安定な気持ちをぶつけ虐待してしまうといった問題の連鎖も起きていた。聞き取り調査によると、とくに社会的に弱い立場である女性や子どもに被害が集中しているようだった。その状態を放置すると、再び社会の不満が高まったとき、簡単にその矛先として女性や子どもたちが被害をうけるようになる。そして、その構図が固定化する社会になってしまうため、どこかでその連鎖を断ち切る必要があるのだ。

ケニアのスラムで暴動の被害にあった住民たちが、スラムを離れてリラックスして地域の問題と被害経験を話し合うため、自然に囲まれた公園で対話を行った。

とはいえ、外部のカウンセリング専門機関が一人ひとりを診察できるようにするには、お金と時間がかかりすぎる。スラムで誰が心の問題を抱えているかをスクリーニングするには、少なくとも何千人単位の人々にアクセスすることが必要になる。

暴動で日頃の不満を爆発させていたのは、生まれながらに貧しく、仕事や学校に行く機会もなく、自らの存在意義に疑問や不安を感じていた若者たちだった。彼らは、スラム人口の多数派を占めていて、加害者であると同時に、それまで生きる選択肢を与えられてこなかった被害者でもある。とはいえ、みんなが自暴自棄なわけでもなく、暴動の被害を食い止めようとしたり、スラムの生活をできることから変えるため、自主的にゴミ拾いなどをしている若者もいた。

加害者でもあり、被害者でもある。しかも人数が多い。何をすべきかが分からず破壊的な行動に向かってしまう人たちもいれば、頑張ろうとしている人たちもいる……ややこしい。でも、待てよ。若者たちは、単なる「被害者」や「加害者」ではなく、社会を立て直す「担い手」にもなれるはずだ。そのための方法さえあればいいのだ。

スラムの若者の中から、コミュニティ・カウンセラーを四十人選出し、育成することになった。まずは、スラムでボランティア活動を細々と行っていた若者たちに対して、カウンセリングの基本である「相手を受け入れ、話を聞く」ことから始め、心の問題を持つ人への対応の方法などを学んでもらう。その後、スラム内の各家庭を訪問してもらい、一定の会話や質問から、心の問題を抱えていないかを洗い出す。子どもに対しては、簡単なゲームや遊びをしながら心を開いてもらい、症状を把握できるようにした。四カ月間に接触した住民で五千五百人のうち、およそ四分の一にあたる千四百人が、何らかの心のケアや第三者の介入が必要な問題を抱えていることが判明した。

例えば、ある十五歳の少年は、暴動が原因で両親が離婚してしまったという。夫婦間で民族が違っていたためだ。その後、経済的に少年の面倒を見ることが難しくなった母親が、少年を叔母に預けた。しかし、叔母の家に住み始めてからは、家事すべてを行うお手伝いの代わりをさせられる毎日で、忙しさのあまり学校をやめてしまった。しかし、心のケアを通じて初めて自分の問題を他人に伝えることができた。問題解決のために叔母の家族や両親との話し合いを通じて、少年の現状を変えるための支援が行われた結果、学校へ復学することができた。

他にも、暴動のあと父親が蒸発してしまったショックで母親に隠れて自傷行為を繰り返していた十歳の少女や、両親がともに行方不明になってしまい、三人の兄弟の面倒を一人で見ていた十二歳の少女にも出会った。この十二歳の少女に対しては、両親の行方を捜しつつも、子どもたちを受け入れることが可能な親戚を探すことになった。

重度な心理カウンセリングが必要な場合は、連携するケニア唯一の老舗《しにせ》のカウンセリングセンターに紹介もした。

コミュニティ・カウンセラーたちには、交通費や食費などの必要経費以外は支給せず、無報酬で活動に参加してもらった。報酬ありきでは、ＪＣＣＰがいなくなったあと、活動が続かない恐れがあったからだ。これも、当然のことながら、若者たちからの不満は大きかった。でも、私たちはあくまで、コミュニティの問題を自ら解決できるようなチャンスとスキルを提供するだけだという姿勢を貫いた。そして、参加する若者たちにとっても、真面目に取り組むことで、他では得られない専門スキルを身につけられる、いわば職業訓練のような機会なのだと納得してもらった。

不満を口にしていた若者たちは、結局参加することを決めた。カウンセラーの若者の中には、自らが暴動の被害者である者が何人もいた。彼ら・彼女らは、自分たちが行っている活動が、地域の問題を解決していく様子を目の当たりにしたことで、尊厳を取り戻すようになった。そして、問題解決スキルも徐々に身につけるようになった。研修によりカウンセラーとしてのスキルが上昇してきた、活動開始から二年経った二〇一一年からは、新たに薬物使用者に対する心のケアを行っている。

今では、このスラムの若者たちが自らコミュニティ団体を立ち上げ、他の現地NGOと提携するようにもなっている。そして、彼ら・彼女らは、地域の他の若者たちや子どもたちのロール・モデルになりつつある。こうやって、暴力に走るより、問題解決を目指すほうが得るものがあるという価値観を目に見える形で浸透させていくことが、将来の紛争予防にもつながっていくと信じている。

STEP3　経済的・社会的自立 in 南スーダン

二〇一一年七月九日に、南スーダンはアフリカで五十四番目の国として独立した。アフリカ北東部にあるスーダンでは、一九八三年から二十年以上にわたり、北部のアラブ系住民と南部の非アラブ系住民の地域で内戦が続いていた。この間、推定約百九十万人が犠牲になったといわれている。イスラム法を南部に浸透しようとする両者間の対立の歴史はあったが、南北の境界付近に油田が発見されると、これがさらに大きな争いの火種となった。二〇一五年三月時点でも、アビエイと呼ばれる最大の油田がある地域は、北と南のどちらの政府に属するかを決めていない。このため、権利を主張する北部スーダン政府の攻撃で市街地にも被害が及び、国連ＰＫＯも派遣されている。また、二〇〇三年には、西部のダルフール地域で、分裂前のスーダン政府およびアラブ系民兵と反政府勢力との間の紛争が激化し、民間人を標的とした殺戮や放火、婦女子への暴力が行われ、国際的な非難の的になった。現在、ダルフールでの住民虐殺の罪で、北部スーダンのバシル大統領には国際逮捕状が発行されている。

国境付近の治安は不安定なものの、南北の内戦が二〇〇五年に終わってから、南スーダンの首都ジュバには、紛争を避けてケニアやウガンダ、エチオピアなどに逃げていた難民たちや、スーダン国内で別の土地に疎開していた人たちが戻ってくるようになった。南スーダンの首都ジュバには、新しい建物や道路が建設され、ホテルや商店が次々にオープンし、仕事を求めて農村からも多くの人が集まり、街は急速に発展している。紛争が終わったことで、復興のための援助関係者や、周辺の国のケニアやウガンダからのビジネスマンや労働者など、多くの外国人も入ってきた。

しかし、人口が増え、町が拡大するにつれ、物価が上昇し、貧富の格差が大きくなっている現実がある。首都のジュバには、コンクリートやレンガ製の家に住む裕福な人たちがいる傍らに、木の棒だけで組み立てた上に天井や壁を草やビニールシートで覆っただけの掘っ立て小屋で暮らす人々がいる。それでも住む所があるのはまだ良いほうで、家を建てるお金もなく、一家揃って路上で生活している家族を見かけることもある。

中でも深刻な問題になっているのが、家も家族もなく、ひとりで路上生活をするストリートチルドレンたちだ。五歳程度の幼い子もいる。内戦で両親を亡くした子、家族と生き別れてひとりぼっちになってしまった子、貧困で食べるものがなく、生活費を稼ぐために家出をした子など、子どもたちが住む家や家族を失い、路上生活を始めた理由はさまざまだ。

路上で暮らすしかない子どもたちは、常に暴力や暴行などの犯罪に巻き込まれる危険にさらされている。そのため、路上で暮らす子どもたちは、自分たちの身の安全を守るために、集団で生活している。

それでも、少年たちができることはたかが知れていて、パトロール中の警察官や、犯罪者、酔った大人から暴力を受けることはよくある。男の子たちの間では、空腹や不安な気持ちを紛らわせるために、強力な匂いのする接着剤を吸引するといった薬物の常用による中毒が深刻な事態となっている。小さいペットボトルに接着剤を入れ、それを常に持ち歩いて酩酊《めいてい》しているのだ。

　また女の子たちは、やはり性的被害や売春に頻繁に巻き込まれてしまう。身一つ以外には何も持っていない少女たちは、次第に自分の体でお金を稼げることを覚えていく。ある十三歳の少女は、一回百二十円で自分の体を売り、八十円の揚げパンを買う、そんな毎日の繰り返しだ。

「数カ月前に始まったばかりの生理が来なくなった。妊娠したんじゃないかって言われたの」

　そう現実感がなさそうにつぶやいていた。路上で襲われることを心配して、駐車した車の下で寝泊まりしていたある少女は、車が動いたことに気付かずに、命を落とした。

　JCCPは、二〇〇九年から南スーダンの首都ジュバでストリートチルドレンや若者に対して、啓発と職業訓練を行い始めた。

　まず基本的な自己管理や衛生、健康管理、薬物依存の危険性、犯罪の回避、衛生観念、エイズ、性教育についての啓発活動を行った。最初は、薬物中毒に関する啓発にきた少年たち三十人全員が接着剤入りペットボトルを堂々と持ってきて、常時それを吸引しながらでないと落ち着いて授業が聞けない状態だった。学校に行ったともなく、しつけをしてくれる大人もいなかった子どもたちの集中力は、五分と続かない。

啓発を開始した直後に視察に来たある支援団体の担当者は、ショックを受けたようだった。

「子どもたちはほとんど座っていられないし、だらしなく寝そべっている子もいる。JCCPはあれこれ言うから嫌いだって言ってる子もいましたよ！」

そう慌てて問い詰めてきたその人に、こう答えた。

「そうですか。でも、最初からおとなしく授業を聞けるような子たちだったら、私たちが支援する必要はそもそもないと思います」

啓発は強制ではない。子どもたちは、文句を言いながらも、自らの意思で来ているのだ。

啓発では、口で説明するだけでなく、粘土や絵画、音楽、アート作品などを通じて、自分が抱える問題や学んだことを表現するセッションも取り入れた。そして、つくった作品の展示会も開催し、一般市民だけでなく、南スーダン政府の幹部を招待した。

図工に興味を持ったり、粘土細工の才能がある子どもたちもいた。他の人に認めてもらう機会を得たことで、自信を徐々につけていく様子が分かる。子どもたちが集中して話を聞いていられる時間も徐々に増えていった。四カ月経つ頃には、子どもたちが質問をしてくるようにもなった。

一方、職業訓練では、ホテルの客室係と、レストランの調理補助の二種類の職業訓練を行っている。この二つを選んだ理由は、これから五年から十年は、雇用ニーズが高い職種だからだ。ここ数年の南スーダンは、国際機関や企業で働く外国人の増加が急速に進んでおり、ホテルの建設ラッシュが進んでいる。しかし、訓練された人員が確保できずに悩んでいるホテルが多かった。およそ二カ月の職業訓練の最後は、地元のホテルに派遣して、実際の職場で実地訓練（OJT）をする。その派遣先の多くが、一般の南スーダン人には手が届かない高級ホテルだ。

訓練生の一人であったメアリーは、十七歳で、六カ月の赤ん坊を育てるシングルマザーだった。ビニールシートを継ぎ合わせた小さな小屋に、母親、目が不自由な父親、妹の家族五人で暮らしている。家族は、メアリーが市場でパンを売って稼ぐわずかな収入で暮らしていた。

メアリーは、レストランのウエイトレスやコックとして働くことを目指し、手洗いなどの衛生、サービス、テーブル作法、簡単な調理などを熱心に学んでいた。メ

南スーダンの若者やストリートチルドレンに対して行う調理の職業訓練。試食を楽しみに、でも真剣に作業する。この日つくったのは、地元でもポピュラーなマンダジという揚げ菓子。

アリーをはじめ、この職業訓練に参加する生徒たちは、これまで学校に通った経験がなかったり、学費が払えずに中途退学したりしている。そのため、集中して授業を受けることに慣れていなかったり、時間が守れなかったりする。

でも、仕事に就いたら、遅刻や無断欠勤は認められない。そのため、訓練では時間や決まりを守ることについても教えている。また、訓練中は白いシャツに黒いスカート、黒い靴の制服が支給されるが、学校に行ったことがない多くの子どもたちにとっては、制服を着るのは初めての経験になる。おそろいの制服を着た訓練生はみなうれしそうに、自分で責任を持って洗濯してアイロンをかけてくる。訓練に参加する若者たちの家には、電気が通っていないため、石炭を使ってアイロンをかけるので、想像以上に面倒くさい作業だ。でも、いつもはちょっとかっこつけて不良ぶっていた十九歳の少年が、きちんと市場でアイロン用の石炭を買っているのを見たときには、こちらはうれしかったし、相手は恥ずかしそうにはにかんでいた。

「職業訓練が終わったら何をしたいか」とメアリーに尋ねると、まだあどけなさの残る彼女から、「きちんとレストランに就職して、自分の子どもが学校に行けるようにお金を貯めたい。私は学校に行くことはできなかったけど……自分の子どもには、しっかり教育を受けさせて、私のようにならないようにしてあげたい」という

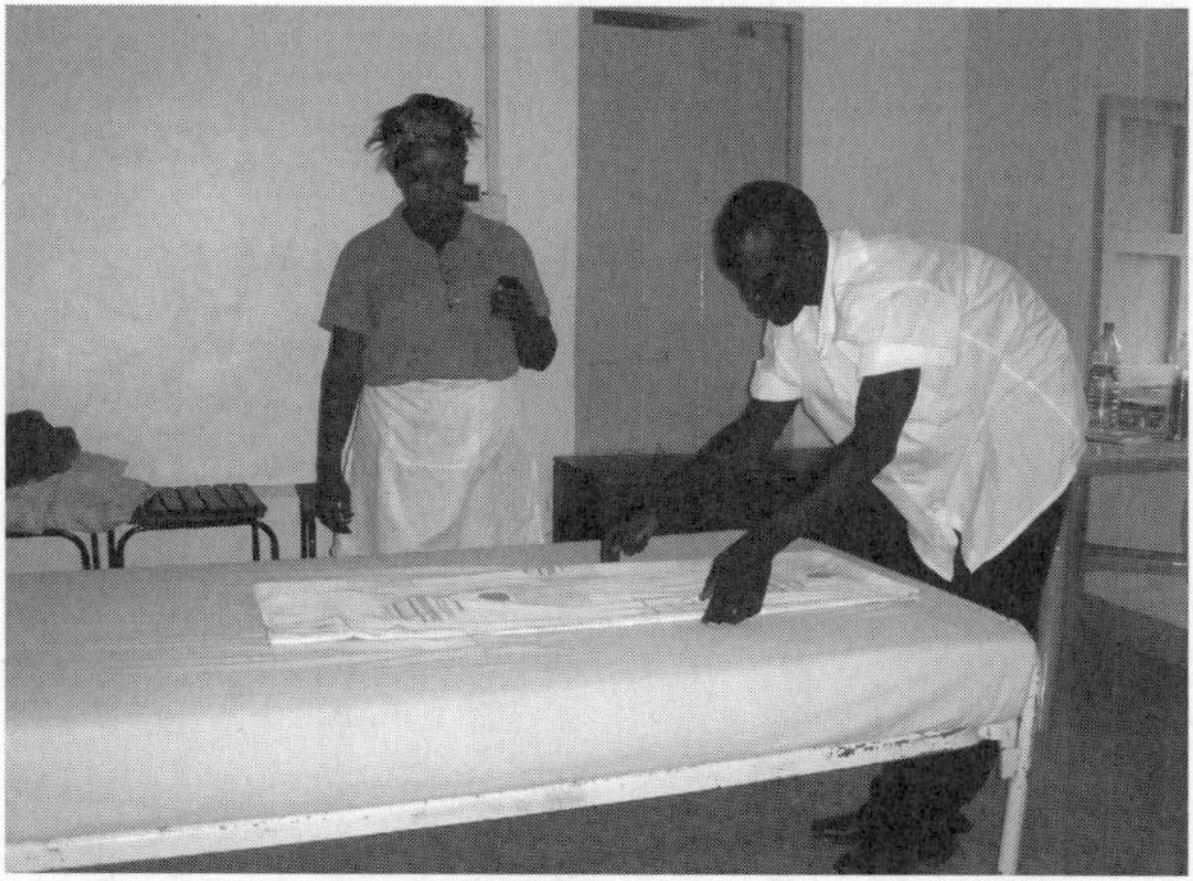

ホテルなどの客室係として必要なハウスキーピングの技術を確認する卒業試験の様子。３分間で乱れたベッドを整えられることが、現地の一流ホテルで通用する合格の条件だ。

答えが返ってきた。

彼女は、自分に与えられた人生の選択肢をしっかり選びとり、最大限に生かすことで、自分だけでなく、次世代の子どもの人生を変えるきっかけをつくったのだ。

二〇一〇年からの二年間で、約二百人を訓練し、その半数が無事に就職した。JCCPの訓練生すべてが、路上生活者か最貧困層の若者たちであることもあり、五割の就職率を評価してもらうことが多い。でも、やっぱりまだ低いのだ。百パーセントに近づけるよう、就職斡旋にも工夫をするようにしている。ホテルやレストランの経営者に訓練生について説明して受け入れの交渉をしにいく他、一流ホテルで働いている卒業生に、先輩としての体験を訓練生たちに語ってもらうキャリアガイダンスも開催している。そうして訓練生のモチベーションを上げている。

日本の就職活動で行われていることが、結構参考になっている。

二〇一一年初頭からは、職業訓練に参加するストリートチルドレンに対し、小規模な簡易住居（シェルター）の提供を始めた。このきっかけは、JCCPの訓練生の一人だった十五歳の少年マルコだった。

彼は、南スーダンの東部のカポエタという町出身だ。彼が幼いときに、父親は内戦で銃撃され亡くなった。それ以来、母ひとりで八人兄弟を養うことになった。しかし、貧しさのため、学校にも行けず、食事も満足にできない日々が続いた。十四歳になったある日、マルコは兄の一人と一緒に、働き口をもとめて首都ジュバにやってきた。ジュバにいけば、たくさんのチャンスがあるとみんなが言っていたからだ。

でも、現実はそんなに甘くはなかった。学校にも行ったことがないマルコには、なかなか仕事は見つからなかった。路上でペットボトルを集めて売り、たまに日雇いの仕事を紹介してもらう日々だった。住む家もないので、市場のゴミ捨て場の脇や墓地など、夜寝ていても誰も来ないような場所で寝泊まりした。先が見えない毎日が一年ほど続くうち、兄は現実から逃れようとして、アルコール漬けになっていった。そんなある日、マルコはJCCPの職業訓練のことを知り、応募してきたのだ。そのときの倍率は三倍だったが、面接で真剣に希望を訴えたマルコは、無事に選考された。

しかし、積極的に訓練に参加し八週間が経ち、いよいよ明日から実際のホテルでOJTが開始される予定だった晩のことだった。路上で寝ていたマルコと周りのストリートチルドレン五人が、警察に逮捕されてしまったのだ。南スーダンでは、警察の訓練がまだ進んでいないこともあり、何か犯罪が起こると、とりあえず近くにいるストリートチルドレンたちを犯人として逮捕するということがよく起こる。しかも、きちんとした取り調べも裁判も行われない。逮捕されると、すぐに刑務所に入れられ、そのままになってしまう。このときのマルコも、例外ではなかった。

刑務所に入れられたマルコは、せっかくつかんだチャンスがすべて無駄になってしまうと絶望的になり涙が止まらなかったという。でも、頭の中は訓練のことでいっぱいだった。外に出られた時のために、訓練された内容を忘れないよう、毎日頭の中で習った内容を思い出し練習していた。ホテルに出勤してこないために異変に気づいたJCCPのスーダン人スタッフが、刑務所に面会と食事の差し入れにいくかたわら、警察に正当な調査をするよう掛け合う日々が続いた。

彼が刑務所から解放されたのは、それから二カ月後だった。何の前触れもなく、ある日の夕方、もう出ていい、と突然言われたのだ。刑務所を出たマルコが真っ先に向かったのは、JCCPの職業訓練が行われているホテルだった。まだ訓練中だったら仲間にも会えるし、元に戻れるかもしれない、そう思ったのだ。でも、彼と一緒に職業訓練を受けていた仲間たちは、すでに訓練を終了して就職していた。翌日、JCCPの事務所に現れた彼は、きちんとアイロンをかけた制服を着てやってきた。

「教えてもらったことを、まだ忘れてないって知ってほしかった」

そう彼は言った。

彼は、職業訓練のカリキュラムに再編入し、学び直す機会が与えられることになった。

ストリートチルドレンを守るために提供を開始したシェルターの第一弾は、JCPのロゴや広報資料のデザインを無償提供してくれているユイット株式会社の寄付によって設置することができた。南スーダンでは一般的な藁葺《わらぶ》き屋根の小屋なのだが、夜間警察に怯えて熟睡できず、職業訓練にも集中できなかったストリートチルドレン八人は、入居するときにうれしさのあまり涙を懸命にこらえていた。彼らが入居したことを知ったユイットの関係者も涙を流して喜んでいたと伝えたところ、彼らはまた涙ぐんでいたという。この様子は、日々子どもたちの姉貴分として現場で働くJCCPの南スーダン代表の日野愛子から聞いた。身寄りのない彼らには、彼らのことを思い、支えてくれる大人が、今までいなかったのだ。初めて、自分たちのことを気にかけてくれる大人の存在を感じ、涙したのだろう。世界の裏側であっても、一人でも自分たちのことを思って行動してくれる人がいるという事実。それがどれだけ彼らの希望になったのか、私には計り知れない。しかし、ほんの一筋の希望の光が、絶望から人を救うということ。そして、その可能性を大いに感じることができた出来事だった。

STEP4　民族間の和解と共存 in バルカン地域

バルカン地域では、一九九一年からの旧ユーゴスラビア紛争によって、各地で民族間の紛争が繰り広げられていた。争いから二十年たった現在でも、複数の民族間の緊張が続いている。この地域では、同じ国民であり、同じ街に住む住民でも、民族の違いによって、道を隔ててほとんど交流がなかったりする。そして、学校は民族や宗教ごとに分かれて授業が行われているところも多い。そのため、他の民族との交流がないまま育つだけでなく、偏見や敵対感情を抱く子どもたちも出てきている。

「和解」とは、必ずしも、手と手を取り合い仲良しである形でなくても良いと思う。たとえ緊張状態にあっても、お互いに争いや暴力を使わずに問題を解決できる状態で共存できているのであれば、それもひとつの平和の形なのだ。日本と中国や韓国

について も、和解したかと聞かれて、全員が同じ答えを返さないだろうし、答えは分かれるはずだからだ。

セルビアの一部の地域で、選挙の前後に暴動が発生し、市民の間で衝突や暴力事件が発生したことで、市長や学校関係者から相談がJCCPに持ちかけられた。子どもたちへの影響が心配だという。対立する大人たちの姿を見て育った子どもたちは、相手と直接接したことがないのに、その情報だけを信じてしまう。こうして、世代を超えて憎しみや偏見が受け継がれてしまう。この連鎖を一旦断ち切るきっかけを作り、緊張関係を和らげることを目的として、プロジェクトを立ち上げた。当時JCCPのバルカン地域代表だった松元洋は、バルカン地域の内戦に関与していない日本は、和解という微妙な問題にも、中立的な立場で関わってくれると地元民から信頼されていることをよく感じたという。

JCCPのバルカン地域事務所のあるマケドニアの首都スコピエを拠点に、二〇〇八年からバルカン地域でもセルビアとマケドニアを中心に活動を行っている。

ちなみに、私たちは、和解や共存を促進するためのプロジェクトを行うときに、「和解のために」とは絶対に言わない。その呼びかけに参加する人たちは、すでに和解をすることに前向きだからだ。「和解」という言葉も聞きたくない、参加したくないと思う人たちにこそ、私たちがアプローチしなければいけない。まずは、民族の違いを超えて参加したいと思ってもらえるような、共通の関心ごとである活動内容を考える必要がある。

セルビアの南部にあるブヤノバツ市の場合、街をあげて観光業に力を入れていたので、観光誘致のために街の清掃を各民族の小学生が共同で行う企画を提案した。マケドニアのペトロバツ郡の場合は、マケドニアが国として進めている緑化運動の一環として植林活動を提案した。

和解というのは、当然のことながら強制されるべきものではない。だから、私たちは子どもたちが交流する仕組みをいくつか仕掛けるだけで、あとは子どもたちに任せている。例えば、街を掃除する前に、子どもたちにどこを掃除するか決めるため街の地図を共同で作ってもらう。この作業をしていると、今まで相手の民族が住む地域に行ったことがないし、全く別世界だと思っていた子たちの間で、お互いの地域のことを聞き合うようになる。そして、一つの地図ができあがる頃には、いつの間にか同じ街の住民であるという一体感が生まれるようになる。最初は他の民族の子と話すのもぎこちなかったが、民族を超えて年上の子が小さい子を助けてあげ

民族和解プロジェクトで、街のどこを掃除するかについて話し合う子どもたち。最初は緊張していても、やがてこのように笑顔があふれるようになる。

マケドニアのペトロバツ郡で行うプロジェクトでは、多民族の小学生が共同植林作業を通じて交流する仕組みをつくっている。

るようにもなった。

最初に変化が現れたのは、子どもたちだった。それまで街で会っても他の民族は無視したり悪口を言ったりしていたのが、この活動で知り合った子どもたち同士が会うと、道端でちゃんとあいさつをしたり、立ち話を普通にするようになった。

そして、そんな子どもたちを見た大人たちにも変化が現れた。学校の先生にも変化が生まれてきた。先生同士も、それまでは異なる民族の小学校の間にほとんど交流がなかったうえに、実際に内戦を経験している先生には、この試みに反対する人もいたくらいだったのだ。しかし、この事業の後に、先生たちが、プロジェクトの成果を他の小学校に自主的に報告に行き始めた。そして、一緒に活動をした三つの小学校が、共同の環境問題やエコに関するカリキュラムを組むことになった他に、学校の予算で清掃活動を続けることになった。この地域でも珍しい試みとなり、地元メディアにも取り上げられるようになったこともあり、学校としてますます取り組みを活発にするようになった。

同様の事業を行ったマケドニアのスツルガ市では、市の予算に清掃交流活動が組み込まれ、市内の他の小学校でも実施することが決まった。そして、地元の企業が子どもたちの清掃したあとに花壇を寄付するようになるなど、私たちが最初につくったきっかけ以上に、現地の人々自身の手で効果が波及している。

ここまできたら、私たちの役割は終わったも同然だ。私たちは、「最終的には現地の人たちが自ら行うべきもの」という大前提のもと、自分たちがいなくなる存在だということを伝えながら事業の計画を立てる。そのため、最初から現地の組織や関係者に最大限参加してもらう仕組みにしている。

「援助」が終わるとき

ＪＣＣＰは、人材育成を通じた紛争解決と紛争予防を行っている。そのうえで重視しているのが、草の根と政治政策を作るレベルの人々が対等につながる縦のネットワークを作ることだ。草の根レベルの住民たちが平和に前向きであっても、権力者の利権や思惑が原因で争いが起きる場合が圧倒的に多いからだ。

ケニアの暴動が典型だが、政治的なプロパガンダにあおられ暴力に走った結果、損をするのは自分たちであるという構図に、民族主義という分かりやすい思想に高揚している人々は、なかなか気づかない。

そのため、現地で草の根レベルの活動をする他に、現地政府、国際機関、軍、警察、ＰＫＯ要員などへの訓練を任される立場を利用して、政策レベルとのネットワークを積極的に築いている。そのネットワークに、現地住民が加われるようにして、最終的に私たちがいなくなるときには、政策レベルと住民レベルが日常的に連携できるようにすることが目的だ。

当時ＪＣＣＰケニア代表だった石井由希子は、ケニアの国連ＰＫＯ訓練センターに対して、女性や子どもの権利についてアフリカの軍や警察を教育するためのカリキュラム立案を行ってきた。彼女は二〇一五年現在、事務局長を務めている。また、私も、スーダンのダルフールで、国連とアフリカ連合のＰＫＯ部隊で働く兵士、警察官、文民職員に対して、武装解除の監視方法について訓練を行っている。

私たちができるのは、現地の人々だけではつくれない選択肢をある程度まで一緒につくることだけだ。その後は身につけたスキルをもとに、選んだ道をどう進んでいくかは、本人たち次第だ。

そして、私が一番うれしくなるのは、現地の人たちが自らの手で進めていけるようになり、私たちがもう必要なくなった瞬間だ。いつか、ＪＣＣＰのような組織の役割が終わる日がくれば、というのが心からの願いだ。

IV FIELD TROUBLES

紛争地での事件簿

自分の身の守り方

ＪＣＰの事務局長という立場上、講演活動を行うことも多い。そのときの質疑応答などで、よく訊かれる質問がある。

「危ない目に遭ったことはありますか？」

ちなみに、某インタビューで「紛争地に行くのは怖くないですか？」という質問に、「初めての場所で最初の一歩を踏み出すときは、武者震《むしゃぶる》いしますね」と答えた私。それを見た友人から「武者震いって、怖がってないじゃないか」と突っ込まれた。

（注：武者震い……戦いや重大事に臨んだときなどに、心が奮い立ち、からだが小刻みに震えること）

た、確かに……。

危なかった経験といえば、日本大使館員としてアフガニスタンにいたときに、一度タリバーンが発射したロケット弾が事務所の真横の空き地に落ちたことくらいだ。

破片が事務所の敷地内にも飛んできたが、幸い夜中だったので被害はほとんどなかった。だが、ズドーン、と結構すごい地響きがする。ちなみに、アフガニスタンの首都カブールでは、多いときは毎週ロケット弾がどこかしらに落ちていた。

私は、紛争地の仕事の現場で、身の危険を感じるほどの経験をしたことはあまりない。とくにＪＣＰに来てからは、ヒヤッとする場面にすらほとんど遭っていない。

それは、運もあるかもしれないが、普段から警戒して、危険な地域に行くときには自衛の方法に気をつけているからでもある。危険が伴う場所に行くのに、準備もしないのは無責任だ。例えば私一人が現地で被害に遭うだけでも、それを受けて地域の危険度が一時的に上げられて他の援助関係者の立ち入りが制限されることもある。そうなったときにもっとも影響をうけ、不利益をこうむるのは、援助が届かない現地の人たちだ。

ＪＣＰの安全管理マニュアルには、誘拐されたときや、爆弾が近くで爆破したときの対処法も含まれている。また、誘拐や襲撃を受けた際にも対応できるように、軍や国連と合同で行う紛争地の危機管理シミュレーション訓練にも定期的に職員を派遣している。ソマリアで移動するときには、四人の武装警官を同行するし、宿泊場所も安全基準をクリアした場所のみに限定している。

その他に、私個人が日本でも日常的に実践していることとして、たとえば徒歩で移動するときは、襲われたときに相手を一瞬ひるませる道具を手に持っておくということがある。刃物などの場合、相手に奪われたら逆に自分が危ないので基本的に持たない。普段は日用品として使っていて、仮に襲われたら相手の急所を突いて逃げる隙をつくれるようなものだ。私の場合は自宅の鍵で、握りこぶしにした指と指の間に、鍵を差し込んで歩くようにしている。

また紛争地の宿泊先では、いざというときに脱出する経路を考えておく。日本大使館員時代にアフガニスタンで住んでいた家の場合は、襲撃されたときに隠れられる場所を確保していたし、外から分かりにくく屋根をつたって逃げる方法などを何通りかシミュレーションしていた。

自爆テロや迫撃砲などが飛んでくる可能性のある場所に泊まるときは、爆発で窓が割れたときのために、部屋に厚手のカーテンをかけていつも窓を閉めておく。そしてベッドは絶対に窓の側には置かない。

……と書いてはいるが、その半面、私は、日本でも海外でも、命には関わらないおかしな事件や事故に巻き込まれたりすることがなぜか多い。そして、それは、必

ソマリアで私の護衛を担当する現地の武装警官と。私１人につき、４人が、街中の移動から地方まで外出時は必ず同行する。

ずしも全部私のせいではない……はずなのだが……。

CASE1　ルワンダで銃を持った兵士に脅される

二〇〇一年三月、日本のNGO団体アフリカ平和再建委員会（ARC）の職員としてルワンダに赴任していた私は、ルワンダ首長選挙の監視員をしないかと、同じ宿に泊まっていたアメリカ人の選挙監視団体の男性に誘われた。大学を卒業してイギリス留学に行くまでの間に、私はインドネシアで選挙監視に参加したことがあった。そのことを何かの折に伝えたら、ぜひ参加してほしいと言われたのだった。

選挙の投票日前から、アメリカ人男性、オランダ人女性、私の三人のチームで、ルワンダの現地の選挙監視団体を支援するため、監視員の訓練も行っていた。選挙監視では、投票日の数週間前から、候補者の選挙活動に強制的な場面がないか、ビラに不正がないか、賄賂《わいろ》がくばられている兆候があるか、特定の政党（特に与党）だけ優遇されていないかなど、横断的に調べる必要がある。選挙の当日は、市民が誰に投票したか分からないような秘密投票になっているか、同じ人が何度も投票していないか、有権者登録をされていない人が投票していなかったか、などをチェックする。

この選挙では、投票日の前から明らかに与党に有利な選挙活動が繰り広げられていた。そして、そのアメリカ人監視員は、与党の方針を批判する記事を地元の新聞に載せたりしていた。これが、政府の気に障った。

投票日には、私たち三人は、ルワンダ北西部のコンゴ民主共和国との国境近くの町ルヘンゲリで選挙監視活動を行うことになっていた。しかし、その日の朝からおかしなことが続いた。

まず、選挙監視用に手配していた車両が一台もこないのだ。急遽、別のレンタカーを手配して対応したが、そのせいで出発が一時間以上遅れた。

そして、ルヘンゲリに向かう道中、同じ車両がずっと後ろにつけているのに気づいた。四駆の車両だが、後部座席がよく見えないようになっている。気のせいかもしれないけれど、私たちを追い越すこともなく、常に同じ距離を保っている。こっちが速度を落とすと相手も遅くなる。結局、休憩時間を入れるふりをして、相手を先に行かせた。

もともと、選挙監視活動が、政府から警戒されているということは聞いていた。

念のため、急遽、途中で予定になかった村の投票所に行ってみると、とくに問題になるようなことは起こらなかった。

「やっぱり気にしすぎなのかな?」と話しつつ、ルヘンゲリの宿泊先のホテルに着いて、車を降りた瞬間。近くの茂みの陰から、兵士たちを乗せた一台の軍のトラックが、すーっと出てきたのだった。この場面は、スローモーションで覚えている。それだけ間髪いれないタイミングだった。気づいたときは、八人の銃を構えた兵士たちに私たちは取り囲まれていた。

ルヘンゲリに私たちチームが行くことは、選挙監視団の中でも一部の人にしか伝えていなかった。そして、この宿に泊まることは、本当に数人の内部の人間にしか伝えてなかったのに。

兵士たちのメッセージは、極めてシンプルだった。

「監視をやめて、首都キガリに戻れ」

そんな風に銃を向けられ囲まれたのは初めてだったけれど、パニックにはならず、逆に頭の芯の部分は冷静だった。相手は、ルワンダ軍の制服を着ている。「外国人三人をまとめて撃つわけがない」と心のどこかで思ったのだ。それと同時に、一九九四年のルワンダ虐殺当時、助けを求めるルワンダ人を置き去りにして、真っ先に救出された外国人たちのことを思い出し、強烈な罪悪感も覚えた。

結論から言うと、その日の監視は中断して、帰ることになった。その後の調査で、私たちが所属していた現地選挙団体のルワンダ人幹部が、政府からの指示を受けていたことが分かった。私たちは、報告書を取りまとめ、国連や国際NGOに送り、監視業務は終了した。

現地監視員を私たちがどれだけ訓練しても、政府レベルからの圧力があったときに、その問題に対処ができるくらいの太いパイプがなければ意味がない。

前章に書いたように、紛争後の社会が争いを未然に防げるようにするために、JCCPの活動でいつも心がけるようにしている「草の根レベルと政策レベルをつなぐ縦のネットワークの必要性」に関しては、このときの体験で痛感したことがベースになっている。

CASE2　シエラレオネでPKO軍の兵士と対決する

当時、私は二十五歳。

国連シエラレオネ派遣団（UNAMSIL）に参加し、元兵士の社会復帰の仕事の一環で、隣国ギニアとの国境付近にある東部のコノという地域に出張した。ここは、レオナルド・ディカプリオ主演でヒット作となった映画「ブラッド・ダイヤモンド」の舞台にもなったダイヤモンド鉱山がある。かつての反政府勢力革命統一戦線(RUF)の拠点だった場所だ。

この地域の国連PKOの宿舎に何泊かする予定だった。ちなみに国連PKOは通常それぞれの派遣国ごとに担当地域が決められ、各国の軍事部隊が駐留している。たとえばA州はナイジェリア軍、B州はバングラデシュ軍といった具合だ。出張先だった地域は、パキスタン軍が管轄していた。まだ治安が不安定なこともあり、私も含めた国連の文民職員の事務所や出張者用の宿舎も、パキスタン軍の駐留地の中にあった。

パキスタンは、イスラム教徒の国。男性と女性の軍人は、当然別々の宿舎だ。私のような文民職員の泊まるプレハブ宿舎も、その文化に従い、男女別々に分けられていた。

その時期、女性の宿泊者は私一人だった。女性用の宿舎をひとり占め状態だった。

その日は、地方の村への出張から疲れて帰り、泥のように眠りについた。そして、その夜、事件は起こった。

コン　コン

部屋のドアを誰かがノックする音で目が覚めた。

時計を見ると、夜中の三時。

（……無視）

コン　コン　コン

（さらに無視）

しかし、その後、二十分以上、ノックは続いた。

（すごく眠いのに……）

仕方ないので、起き上がる。

（誰だろう……）

窓越しに確認すると、白い礼拝用の衣装を着ているパキスタン人。

（……昼間に会った兵士かな？）

理由が分からないので、むやみに部屋に入れるわけにはいかない。しばらく窓越しに尋ねたが、英語があまり分からないみたいで、身振り手振りで返すだけ。でも、「Emergency（緊急事態）」という単語が聞こえてきた。

何やら、深刻そうだ。眠いのと面倒なのもあって、ドアを開けた私。すると、彼は部屋に少しだけ入って、部屋の中を見渡した数秒後、「ＯＫ」と言って、部屋を出て行こうとした。

（……あれ、何の用だったの？）

頭の中にはてなマークが連発したその瞬間。その男は、部屋を出ていく瞬間に、思いきり私の胸を触ってきた。

「……」

「…………」

「…………!!!」

頭の中で何かがぷちっと切れた。反射的に、その男の腕の関節あたりをつかんだ。すると、焦った男は、腕をふりほどいて、一目散に逃げていった。

しかし、メインの話はここからなのだ。

私は、日本でも、大学時代に痴漢に押し倒されるという散々な目に遭ったことがある。ちなみに、そのときは膝に蹴りを入れたら撃退できた。

それに比べたらはるかに悪質さのレベルは低いのだが、それでもやはり怖くなるもので、ドアの鍵を閉めていても、朝まで眠れなかった。

そして、翌朝。

早速、国連のセキュリティ担当官に報告に行った。しかし、外国人である担当官が休暇でおらず、話を聞いたシエラレオネ人の現地職員は、パキスタン軍ともめごとを起こしたくないのが明らかな様子だった。確かに、外国人の部隊との力関係があるので、仕方がないところもある。しかも、軍人と文民職員の間のセクハラ問題なんて、ややこしいことこの上ない。

でも、私が何もしなければ、絶対犯人は同じことをするだろう。そう思った。

紛争を解決するためには、その根を断つべきと仕事で言いながら、日常生活で問題解決ができない人間が、紛争地の問題に取り組めるわけがないのではないか。そう考え始めると、止まらない私。

たかが触られたくらいで、という人もいるかもしれない。

……私がセクシーすぎたのかもしれない（すみません、一度言ってみたかったたんです。すみません)。

考えた結果、パキスタン軍に直接報告に行くことにした。セキュリティ担当官が必死に止める中、誰も付いてきてはくれないので、一人で駐屯地本部に向かった。軍の渉外担当を見つけ、ダメもとで報告した。

もしも一笑に付された場合には、首都フリータウンに帰ったあと、本部でしかるべき報告をしてパキスタン軍の管理責任を問う、というつもりだった。

ところが、担当の軍人は、かなり深刻にとらえて話を聞いてくれた。きちんと上にも報告する、犯人も全力をあげて特定する、と言ってくれた。私が文民職員だったことで、対外的に誠意ある対応をしなければいけないと思ったのかもしれない。国連PKOでは、民と軍の間に対立関係があったり文化摩擦があると言われていたため、軍の担当官は文民職員と最大限歩み寄ろうとしてくれるのだ。なので、軍の駐屯地に行くと、とても良いおもてなしを受ける。

なんだ、パキスタン軍ってきちんとしている。分かってもらっただけでも、これで満足だ。そう思って自分の部屋に戻った。

ところが、その十分後、五人のパキスタン兵がやってきた。不安になった私に、彼らが一言。

「司令官がぜひ直接話をしたいと言っているので今すぐ来てもらえないか」

……いきなり大ボスですか。

さすがにややこしくなりそうだけど、相手が司令官の絶対命令だと譲らず、結局会わないわけにはいかなかった。

司令官のだだっ広い部屋には、たくさんの調度品や彫刻が飾ってあった。そしてうやうやしく出てきた司令官。四十代だろうか。階級は中佐だ。

「よく来てくれたね。こちらのソファに座りたまえ。紅茶とお菓子はどうだい?」

この時点で、脅されるわけではないらしいと、ほっとした私。テーブルには、大量のお菓子が並んでいる。こんな僻地《へきち》なのに、どこから集めてきたのだろう。こんなもので、私を油断させようと思っているのだろうか。そんなに簡単につられる人間だとでも……。

五分後、嬉々としてお菓子を片っぱしから食べつくしている私に、司令官が切り出した。

「それで、今回の件なんだけど……」

「はい」

「我々パキスタン軍としても、由々しき問題として、重くとらえている」

（少なくとも事実は認めてくれるんだ。よかった）

「ただ、とても繊細な問題だから、気をつけて対処しなければいけないと思っている。我々の名誉にも関わることだし……分かるかい」

（……よく分かりません）

「つまり……国連として対処するのではなく、パキスタン軍として対処すべき問題だと思っているんだ」

（表沙汰にしたくないってこと？）

「我々は徹底的に自分たちの責任で原因究明と事実確認をしたいということだ。パキスタン軍の名にかけて！」

いきなり某探偵漫画ばりにテンションが上がった司令官。

「約束しよう、今日中に犯人を見つけてみせる！　そして、しかるべき対応をしよう！　だから、我々にすべて任せてくれないか！」

「口だけじゃないですよね？　そこまで言うなら、いいですけど……」

「感謝するよ！　ところで、犯人究明には、キミが不可欠だ！　だから、捜査に全面的に協力してくれないか？」

「えっ？」

「犯人の特徴を教えてくれ。該当者を連れてくるから、その中から見つけてくれればいいんだ」

「ちょっと待って。それはちょっと怖いです。しかも、寝起きだったし、はっきり覚えてない……」

「キミの安全は確保する。頼む、パキスタン軍の名誉のために！」

「えええええ⁉」

がっしりと私に握手して、一歩も引かない司令官。ここまできたら仕方ないので、犯人の特徴を伝えました。

身長一七〇から一八〇センチくらい。

鼻の下とあごにヒゲが生えていた。

年齢は二十代から三十代前半。

白い礼服を着ていた。

「該当者を連れて来い！」

部下に力強く命じる司令官。

……数十分後。

「該当者が揃ったようだ、見てごらん。誰だか分かるかい？」

そう伝える司令官の部屋から、窓の外を恐る恐る見てみると……。

……二百人くらい並んでるんですけど……。

イスラム教の国の兵士は、たいていヒゲをたくわえています。身長も一七〇センチ前後が平均的です。っていうか、みんな顔が似てるし……分かるわけない……。

「何とか選んでくれ。我々の気がおさまらないんだ！」。そう叫ぶ司令官。

私は、なぜこんなアフリカの僻地で、リアル版「ウォーリーをさがせ！」ごっこをしなければならないのだろう……。

「無理」「お願いだ」の押し問答の結果。確かでなくてもいいので、可能性がある人間をと言われ、選ぶことになった。

「表に出て近くで確認してみるかい？」

司令官の提案を断る私。そんなことして、飛び道具でも使われたらアウトです。

司令官の部屋の中から見ることにした。

人数が多いので、十人ずつ横に並んでもらって、その中から私が「あの人とあの人……かも……」と選ぶ作業を、二十列分繰り返した。

だんだんもうろうとしてくる。途中からみんな同じ顔に見えてきた。

しかも、二十列終わった時点で、可能性があると私が選んだ人数がまだ数十人いた。もう一度人数を減らすために、同じ作業をやり直した。

投げ出したくなりながら、一時間ちかくかけて最終的に五人まで絞った。

えらい、えらいぞ私。

この間、パキスタン軍のほとんどの兵士がこの作業に関わっていて、関係ない兵士たちも野次馬として物陰から眺めていた。ということは、この間、シエラレオネ東部の治安はほとんど守られていなかったことになる。……それでいいのか。

ふと浮かんだ素朴な疑問を司令官に聞いてみた。

「事件の後、見た目を変えるためにヒゲをそったりしている場合もあるんじゃない？」

「それはない。パキスタン軍では、ヒゲをそる場合は上官の許可が必要なんだ。軍の証明写真と外見が違わないようにね」

「へぇ……」

人生において二度と活用しそうにない豆知識をゲット。

最終的に五人まで絞った後、さらに優先順位をつけてくれと言われる。この時点で、すでに司令官まで同じ顔に見えてきた私に、酷なことを言う。

でも、何か言うと、「パキスタン軍の名誉のために！」と言う司令官に疲れ果てた私は、何とか優先順位をつけた。六〜七割くらいの確率で、あの兵士だった気がする……。

私の返答を受けて、うなずき合う司令官と部下の兵士たち。不安になった私は慌てて言った。

「でも、確信してるわけじゃないから、私の答えだけで結論を出すのはやめてほしい。……正直みんな、同じ顔に見えるし」

司令官はやさしく微笑んだ。

「安心したまえ。我々にも、独自の調べ方があるんだ。それに……」

「……それに？」

私の問いに、穏やかに司令官は言った。

「大丈夫。……殺しはしないから」

そのセリフが、新手のジョークなのか、大真面目なのか、聞けずじまいだった。

その後、その兵士がどうなったか、どのような措置がとられたのかは分からない。

ときおり、国連ＰＫＯ兵士や国連職員が、現地の女性・子どもに援助と引き換えに性的サービスを要求する性的搾取・虐待（ＳＥＡ：Sexual Exploitation and Abuse）の事件がニュースになることがある。そのため、国連ＰＫＯ参加者は、軍人・文民・性別に関わらず、ＳＥＡ対策研修を受けることが必須になっている。

問題の予防が大切である一方、発生した事件にどう対処するかも重要だ。

私も、笑い話のように書いているが、この捜査の間に兵士たちから好奇の目で見られていることが、気になった。司令官の対応を見た後に、また何かしかけてくる兵士はいなかったし、きちんと対応してくれたパキスタン軍には感謝したけれど、人によってはこういった捜査をされること自体がセカンド・トラウマになる場合もあるだろう。

ちなみに、この他にも、大学時代に一人旅で行ったマレーシアで、二人乗りのひったくりバイクにバッグを奪われかけたことがあった。私がバッグを放さなかったので、百メートルくらい道路で引きずられたが、最後には相手があきらめた。血だらけになったけれど、相手がバッグを放した瞬間に「勝った……。っていうか、私、ジャッキー・チェンみたいなアクションしてるわ……」と思ったのを覚えている。

ただ、その日がマレーシア滞在の最終日だったので、時間がなくて警察に届けなかったことを後悔した。紛争地では、人に危害を加えても取り締まる仕組みがないため、刑罰を与えない文化（Culture of Impunity）が広がり、犯罪がなくならない原因のひとつになっている。日常生活で問題解決を実践できない人間が、紛争解決なんてできるはずはないのではないだろうかと反省した。

ということで、シエラレオネ事件の三年後、乗り換えで立ち寄ったカナダの空港で空港職員からわいせつ行為をされたときは、しっかり証拠写真を撮って、通報させていただいた。空港の保安官十数人を巻き込んで、またもや空港を練り歩いて逃げた犯人捜しをするはめになった。そのため、予定の飛行機に乗り遅れてしまったのだが、見つかった犯人は結局自白したので一件落着となった。犯人も、私がアジア系の女性だから、おとなしく「きゃっ、恥ずかしい！」というリアクションをすることを期待していたのかもしれない。実際には、証拠写真を撮り、通報したうえに、ネタとしてブログに載せるような図太い人間だったのだけれど……。紛争地で働いて三十歳を超えると、人はたくましくなるのかもしれない……。

とはいえ、こんなエピソードを書いたあとに信じてもらえるか不安だが、こんな私ですら、わいせつ行為を受けたときは信用してもらえるか不安になり、恥ずかしさもあって、通報するかどうかためらった。

日本でも紛争地でも、性的被害に遭った人たちが、誰にも言えないままでいることは多い。こういう事件を自分自身が経験したこともあり、自分が仕事をするうえでも、現地の女性や共に働く異性の同僚へのセクシャル・ハラスメントやモラル・ハラスメントには一層気をつけるようになった。

講演会の席では、

「女性として武装解除や紛争解決の仕事をすることに不便はないか」

と訊かれることもとても多い。確かに女性だからという理由によるトラブルや制約もある。だがメリットのほうがはるかに大きいと私は思っている。問題を抱えていても誰にも伝えずに抱え込んでしまいがちな女性や子どもの被害者が、私だけに話をしてくれることもあるからだ。そして、被害者となりやすい人々が心を開きやすい環境をつくり、社会から取り残されがちな人たちの問題を解決するための取り組みを考えることができる。一見弱みに見えることが、考え方次第で強みになることもあるのだ。

V WAY FORWARD

50年後の世界と日本、そして私たち

ボーダーレスな世界に必要なもの

日本人は、書類選考はいつも高評価なのに、電話面接が苦手な人が多い——。これは、国連の応募者に限ってだが、よく言われていることだ。ちなみに、この評価は語学力というより、コミュニケーション能力の問題なのだと思う。他に日本人が苦手だとよく言われる「交渉」や「プレゼンテーション」も、文化も経験も知識量も違う人に対して、いかに違和感なしに自分の意図を伝えて、相手を動かすかということへの不慣れが影響していると思う。そして、それは、あらゆる業界に共通することだと思うが、国と国との境界線がなくなりつつあるこれからの世界で戦い、生き延びていくうえで日本人にとって何が必要なスキルなのかということが改めて問われているということでもある。

最近の、いわゆる「国際協力」業界では、企業、政府、国連、NGO間の人の行き来が増えていて、活動の質を上げるうえで大いにプラスに働いている。

JCCPでも、政府、民間企業、青年海外協力隊、国連機関等々で経験を積んだ職員が活躍している。公認会計士として監査法人で勤務をしていた経験のある職員が、組織の内部会計システムを構築したり、現地NGOや現地政府の能力強化のための事業に関わっていたりもする。さまざまな強みがある個人が集まることで、最高のチームを作ることが可能になってきている。

これは世界の人々が、それぞれの出身地に帰属意識を持ちながらもボーダーレスに変わりつつある世界の現状と似ていると思う。自分の専門性をしっかり持つ個人が、○○業界という境界を越えて活躍する時代になったのだ。その分、「○○職員になりたい」「○○業界で働きたい」ではなく、そこでどんなスキルを持って社会のニーズに貢献できるのかが問われるようになっていると私は思う。

私は自分の経験に基づいて、自分が興味のあることを突き詰めたほうが、結果うまくいくのではないかと思っている。

けれど、「自分のやりたいことが分からない、どうすればいいのでしょう」と訊かれることもよくある。

そういう質問に対しては、漠然とした関心や興味があったり、自分のアンテナに引っかかったりするものがあるのなら、まずその世界に飛び込んでみるのが良いと思うと答えている。一歩でも動くと、見える世界は確実に変わる。そして、そこで経験したことや出会った人々から広がった世界で、またアンテナを広げてみればいいのだ。

紛争解決の仕事は、現場に問題が山積みになっているので、そもそも困難に直面するのが当たり前だ。どれだけ困難なのかは、誰が教えなくても、被害を受けた現地の人たちが一番よく知っている。だから、そういう現場では、問題が大変であると口を動かすだけで、頭も体も動かさない人は役に立たないし、むしろいないほうがいいこともある。目の前に起きていることと向き合いながら、問題を解決するための方法を考え、手ごたえを頼りに進むというプロセスを繰り返すことが必要となる。

何度も書いているが私は、取り柄があまりなかったので、誰もやっていないことをまず探し、その限られたフィールドで自分が最大限、何ができるかを問い続けながら進んできた。そんな私が、仕事をするうえで、大事にしていることが三つある。そして、それらを心がけることで、人生の岐路で迷ったとき、ずいぶんと助けられてきた。

一つ目は、想像力、イマジネーションを最大限活用することだ。これは、現地で働くときには、相手の気持ちを考える、という紛争地における基本的スタンスとして私の判断を助けてくれた。相手の態度や表情の変化が気になったら、「なぜだろう」と、一旦その理由を想像してみる。その他に、交渉のときに起きる、突発的な事態に対して瞬時に判断し、回答する力を養ううえでも、想像力は重要になると思う。私は、交渉力や人心掌握《しょうあく》術なんていう才能は、一切持ち合わせていない。でも、どんな仕事でも、ハードなものからソフトなものまで、交渉をしなければならないときがある。二十代前半から、面談や交渉の前に、自分の頭の中に相手役を作って、客観的に私への質問をして、それに対する自分の返答を繰り返すというシミュレーションをよくするようになっていた。長いときは何時間も、それを繰り返す。自分にとって好ましい状況になるシナリオのイメージを強く描けるようになると、自信がつくし、安心する。そのちょっとしたポジティブな自信が、交渉の際に、自分のまとう雰囲気と、それを見た相手に与える影響は大きい。

二つ目が、限界まで精神的にへとへとになったときでも、「あと一歩」だけ進んでみるということだ。あの手この手で相手が動かない交渉で心が折れかけても、相手がいい反応をしたときのことを想像して、もう一回だけダメもとで別の方法を試してみる。そうすることで、突破口が見えたこともある。たとえば、私がイギリスに留学する前に兵士の社会復帰という専門を決めたときも、「疲れ果てたから妥協したほうがいいかもしれないけど、あと一週間だけ探してみよう」と、何カ月もインターネットを含むあらゆる情報源から、ヒントを探し続けたことで、自分のアンテナに反応する専門を見つけることができた。イギリス留学中にボスニアとクロアチアに現地調査に行ったときも、現地で直接聞き取りをしたい一心で、そろそろあきらめちゃおうかという誘惑を何とか押し切って、現地の大学の掲示板に書き込みをしたことで、現地でもっとも率直に平和や和解についての意見を述べてくれる学生たちに会うことができたのだ。

もちろん、その「あと一歩」が空振りしたり徒労に終わったりして、頭を壁にガンガンぶつけたくなるくらい悔しい思いをしたこともある。それでも、結果としてそのほうが、次に挑戦するときの、スタート地点がはるかに前進している。

三つ目が、人生の分岐点や、難しい決断をくださなければならないときに、俯瞰《ふかん》して考えるようにしていることだ。私も、困難が目の前に立ちふさがったときには、そこから逃げたくなることもある。実際に、一旦前に進むことを止め、立ち止まって過ごした時期もあった。そういうときでも私は、将来のなりたい自分の姿を思い浮かべてから、「三十年後の自分が今の自分を見ていたら、どちらを選ぶだろう」

と、できる限りリアルに想像していた。小中学校時代の自分の悩みが、今考えると微笑ましいものに思えることと同じように、一旦俯瞰して考えると、自分の悩みが小さなことに思えることは多い。そして、心がしぼんで一歩動くことすら怖かったり気力が出ないときでも、数十年後の未来の自分が人生を振り返って「あの時、あすればよかった」と思うだろう瞬間を想像し、追体験することで、強い気持ちで動き出すことができたりする。

似たようなことだが、私は、すごいなぁと思う人に出会ったときも、同じように逆算して目標にするようにしている。数年後、十年後、その年齢になったときに、自分はその人に追いつけるだろうか。全部を越えることはできなくても、自分の得意なこと、専門スキルだけでも、その人を越えるようにするためには、何をすべきだろうと考える。そうすれば単なるあこがれではなく、具体的にすべきことが見えてくるからだ。

私たちに残された選択肢

二〇一〇年七月二〇日、私が訓練したソマリア人女性が、ソマリアの首都モガデイシオで民兵に撃たれ命を落とした。

彼女の名は、ファヒアという。首都モガディシオで治安改善プロジェクトのために選ばれた十二人の現地NGOスタッフの一人だった。その日、彼女が乗ったバスが、民兵に襲われた。即死だった。

私がソマリア北部で彼女を含めたチームを研修した二カ月後の出来事だった。スタッフの精神面を心配して一旦活動を停止しようと伝えた私に、他のソマリア人のメンバーは「彼女の分まで仕事をするから続けさせてほしい」と訴えた。

暫定政府軍と反政府軍の間で大規模な戦闘が行われている地域を避け、最も安全な地域で事業を進めていた。それでも首都であるモガディシオでは、略奪目当ての民兵に襲われることは、誰にも防ぎようがないんだ。民兵に襲われることは、ソマリアでは交通事故みたいなものなんだと皆が言っていることが印象に残った。

平和な日本で生まれ育った自分が、世界のどこかで起こっている紛争や、そこに生きる人たちのことを考える必要があるのだろうか？　と感じる人はきっと多いと思う。

だが、私は二つの意味で、紛争について意識することは日本人にとって重要なことだと思っている。

一つは近年の紛争の形が変わってきていて、テロのように、拠点を持たないネットワーク型の紛争が増えてきているからだ。今までのような「危険な地域に行くと危ない」から、「脅威が国境を越えて向こうからやってくる」形に変わってきたのだ。少数の人間が、国家や多数の人々に脅威を与えることが可能となった。アメリカの「九・一一」のことを思い起こしてほしい。そして、私たち日本人が頻繁に訪問するアジアの観光地でも、実際に被害に遭うくらいテロは身近になっているのだ。日本でもそういう事態に直面する可能性が、日々、存在している。平和な街が、一瞬にして紛争地に変化する脅威がある世界になりつつある。

二つ目の理由は、日本のもつ中立性と大戦後の復興の経験が、世界各地の紛争地に大きな影響を与えているという事実があるからだ。

「日本は、昔の戦争で、アメリカやヨーロッパに総攻撃を受けて、原爆まで落とされて、ボロボロになったんだろう？　なのに、今は世界有数の経済大国で、この国にも日本車があふれているし、高級な電化製品はすべて日本製だ。どうしたら、そうやって復興できるのか、教えてくれないか？」

私が今までに行った多くの紛争地で言われたセリフだ。

アフガニスタンでは、日本人が言うからと、信頼して兵士たちは武器を差し出した。ソマリアでは、アフリカで植民地支配をしたことがなく、支援を行う際にも政治的な思惑をつきつけない日本は、中立的な印象を持たれている。そして、第二次大戦であそこまで破壊された日本が復興した姿を見て、今はボロボロの自分たちの国も、日本のようになれるのではないかという希望を与える存在となっている。日本が背負ってきた歴史的経緯は、他の国がどれだけお金を積んでも手に入れられない価値を持っているのだ。

日本人の多くは、それを知らない。そして、世界で一定の地位を築いた今、道を見失い、自信を失っている。

最近聞いたあるセリフに、「亡くなった人たちが、また生まれてきたいと思う国をつくる」という一言があった。ファヒアを思った。

「女性なのにと言われながら頑張って大学まで行った。でも自国の問題を解決するために何をしたらいいのかずっと分からなかった。今回、ルミコから訓練を受けて、初めて役に立てる方法があると知って、うれしかった」

このファヒアの言葉のように、ともすると誰にも届くことなく消えていく紛争地からの声を、無駄にしたくない。

まずは、紛争地で生きる人々の生きるための選択肢を増やしていきたい。ファヒアのように、命を落としてしまった人々が、また生まれてきたいと思うような社会に紛争地を変えていくことを目指す。

そして紛争地から遠く離れた日本に向けて、わずかでも紛争に関心を持ってくれる人が増えるようにしたいと思っている。そして、日本人がどんな形でも良いので、自分ができる範囲で現地の人々の現状を変えるための行動をするきっかけをつくっていきたい。さらに間接的なのかもしれないが、日本に生まれてよかったと思える国をつくるために、私自身は国際貢献という道を通して、日本の存在意義を高めていけたらと思っている。

二〇五〇年、日本は世界のGDPで第八位になることが予測されている。戦後六十五年の間に、経済大国としての地位を確立した日本は、その経済的な立場が弱まりつつあるこれからの時代に、新たな価値観と存在意義を確立すべき時期に差し掛かっていると思う。

そのための道のひとつとして、世界の紛争の解決のために国際貢献をするうえで、今までのように資金協力をするか自衛隊を派遣するかの二択ではない、新たな選択肢をつくることが重要になってきていると思う。私がＪＣＰを通じて実現したいと考えているのは、ニーズがあるけれどやり手がいない分野のスキルを有する専門家が、現地政府や民間企業とともに、その国の紛争解決や経済発展のために協力するということだ。そして世界レベルの専門家を派遣できることを日本にとっての新たな国際貢献の選択肢として確立したい。現在、ＪＣＰを通じて、紛争地で治安分野に特化した活動を行ったり、アフリカのＰＫＯセンターや国連、現地政府に対して、専門的な平和研修のカリキュラム立案などを実施したりしているのも、その一環だ。その中で、現地と日本とで対等なビジネスが成り立つ仕組みもつくっていきたい。今までほとんど関わることのなかった世界の一角と日本がふれあうことは、日本にとっても、現地にとっても新たな可能性を見つける機会にもなる。

現場の問題解決に直接役に立つための選択肢を現地の人々とつくるだけでなく、世界で日本という国が選びとることができる選択肢を同時に増やしたいと思っている。それが、これからの時代を生きる私たち日本人の指針づくりにもつながるはずだ。

この変わりゆく世界で、これからの五十年を歩むうえでの、在りたい姿を私たちはつくっていかなければならない。まだ、日本に進むべき選択肢が複数残っていて、新たな選択肢を私たちが自らの手でつくり出すことができるうちに。

EPILOGUE　おわりに

高校三年生のときに、ルワンダの写真を見て将来の道を決めてから十七年が経った。

その後、世界の紛争地を実際に訪れるうちに、十七歳のときには疑問だらけだった世界の仕組みが、徐々に分かるようになった。

家族を置いて自分だけ自由に生きているのではという罪悪感は、私が仕事に取り組む覚悟を強めるたびに、少しずつ小さくなった。もしかしたら、罪悪感とは、自分の決意や行動が宙ぶらりんなときに、その隙間を埋めるために、より強く感じるものなのかもしれない。

現実は、ときに直視するのも耐えがたいくらい、厳しい。

でも、それでもわずかでも希望がある限り、「自由に行動することができる権利」を最大限使って生きていく道を、私はこれからも選んでいくと思う。誰かのためにではなく、自分が生きる社会の行く末を、自らが選びとっていくために。

最近の世界情勢や日本の情勢は、先が読めない不安感に溢れているように思えるかもしれない。でも、過去に世界が混沌としていない時代なんて果たしてあったのだろうかと思う。日本が成功していたときにも、世界のどこかにそのひずみは生じていたし、その逆も当然ありうる。だからこそ、世界のどこかが問題を抱えているときに、その解決のために連携し合うことは、回りまわって将来の自分たちの問題解決にもつながっていくのだと思う。

今は、世界のどこにいても、個人同士がつながりあえる社会になりつつある。そして、分野や国境、人種を超えたつながりを、私たちがどのように活用するかで、私たち個人の持つ可能性が試されているのだと思う。

世界は、そんなに捨てたものではない。

この本が、多くの人がポジティブにつながりあうためのきっかけの一つとなったならば、これ以上うれしいことはない。

文庫版あとがき

本書の単行本の出版から三年半が経った。その間にも、世界は大きく動き、私の活動にも変化があった。

最近のいわゆるイスラム国やナイジェリアのボコ・ハラムの報道を通じて世界情勢を改めて考えた人は多いだろう。一体世界はどうなるのだろう、どうすれば世界の争いは解決できるのか、そして日本はどうすべきなのか、と。

本書でも述べている通り、私は日本が他国にできない独自の非軍事分野での平和貢献を強化することで果たせる役割があると考えている。経済大国の中で、日本のように戦後復興の経験と世界での中立性、その両方を併せ持つ国はほぼ存在しない。この強みを最大化することが日本の新たな国際貢献の選択肢となりうるはずなのだ。

「テロとの闘い」という言葉がある。過激化し拡大していく武装勢力には最低限の軍事力による弱体化や抑止が必要な場合もある。しかし、それだけでは問題は解決しない。まず必要なのはテロが起こったそもそもの発端や原因を検証し、将来同様の問題が発生しないよう予防することだ。他国による理不尽な武力攻撃や誤爆への報復の手段としてテロを選ぶ個人や集団が生まれ、社会の差別や格差に不満を感じる、もしくは居場所を求め共感する人々がその思想に取り込まれている現実がある。

また、和平合意が締結されたり武装勢力が弱体化もしくは壊滅したりした後は、その地域で国軍や警察、行政、ＮＧＯ、住民組織など様々な主体が社会の再生を担う必要がある。しかし現実には、これらの新たな担い手が十分に育つ前に中途半端な状態で国際社会から見放され、今のアフガニスタンやイラクのように不安定な状態や泥沼の紛争状態に戻る国々は多い。日本がこれらの政府機関や市民社会の育成に特化した専門家集団を増やし、支援することで、他国の手が回らない分野を補完すれば、現地情勢の把握もでき、日本に現場の視点を踏まえた専門的知見と人材の蓄積も可能となる。結果、リスクを最小化したうえで現実的な外交政策を行うことができるようになるのだ。

これら比較優位性に対し、日本では「祈る平和」を主体にした平和運動は盛んだが、実務的な平和活動に関する専門知識の蓄積、専門家や専門機関は圧倒的に少なく、基本的な理解も社会に浸透していないということを日々、実感する。
世界では日本人のように人生を選び、行動できる権利を持つ人のほうが少ない。今回の文庫化を契機に、私たち個人は傍観者ではなく、行動する者として施策に影響を与えうる役割があることを今一度考えるきっかけになれば嬉しい。

三年半の間に私の周りにもそれなりの変化があった。二〇一三年七月には、日本紛争予防センター（JCCP）の理事長に就任した。日々の現場活動をしっかりと担ってくれる事務局長およびチームのおかげで、以前はなかなか時間を費やすことができなかった他の機関や企業、学校などとの対外的な連携に取り組むことができるようになっている。

JCCPは、その後、ソマリア、南スーダン、ケニアで、紛争直後に必要な生活用品支給などの緊急支援から、中長期的な平和を築くことを目指した被害者の心のケア、女性への暴力防止の仕組みづくり、コミュニティの争いが拡大する前に調停したり予防したりする早期警戒・早期対応、被害者と加害者の和解などを行っている。今年からはトルコに拠点を置き中東での活動も開始予定だ。
私たちがいなくなった後も、現地の人々主体で継続して地域の争いを解決できるような人材の育成と仕組みづくりに重点を置いている点は変わらない。

ケニアのマザレ・スラムでは、私たちが育成した若者が引き続き紛争被害者にカウンセリングをしているほか、長老や女性たちが争いの調停をするためのスキル習得の訓練も提供し、実際にそれが紛争抑止に効果を上げている。二〇一三年のケニアの大統領選挙では、この地域の若者たちが独自に平和のメッセージを草の根レベルで広げた結果、争いが発生せず平和裏に終わった。また、地域をよりよくするための主導役になるロールモデルが生まれることで、不満を抱える若者たちに社会での役割の選択肢があることを伝えられ、自尊心の回復につながり、さらに次世代の子どもたちの目標になっている。今年からは、マザレ・スラムの若者たちが、ケニアの他の問題を抱えるスラムに講師として自らの経験を伝える事業を開始する予定だ。

バルカン地域で実施していた小学生を通じた民族間の和解事業は、全ての活動地域でその後も地元の学校や行政の人材と予算によって続けられている。さらに、活動地の市長が子どもたちを連れて他のバルカン地域の近隣諸国に活動を広める運動を行うようになった。現地に活動が根付いたことを見届け、ＪＣＣＰのこの地域での役割は終えたと判断し、活動を終了した。

また、日本の強みを生かしたビジネスの成り立つ仕組みが必要だとも述べていたが、その具体的な形として、ＪＣＰ Ｍ株式会社を設立し、外資系コンサルティング会社での経験が豊富な堺夏七子が理念に賛同し社長に就任した。この会社は、アフリカ地域を中心とする途上国に進出する民間企業の支援を目的としている。治安の改善や住民間の和解といった機微な分野は援助という手段が適しているが、復興の中では、民間企業が入ったほうが効率的な分野もある。日本企業側は新規のビジネスの市場としてのアフリカに関心があるが、現場でのノウハウがなく他国に後れを取っているというニーズを満たすことができる。一方、私の立場からすると、貧困層が支援を通じて立ち直った後に雇用先が確保されるためにも、新しい産業育成が必要であり、その分野は民間企業のほうがはるかにノウハウを持っている。そうやって政府とＮＧＯ、企業や国際機関がそれぞれ役割分担していくことが、これからの紛争解決や平和構築に不可欠だと考えている。問題が悪化するスピードに追いつくためには、こちらも効果的な問題解決の方法を創造していく必要があるのだ。

グローバル化で世界の垣根はますます流動的になっている。世界の問題を知り、その解決の担い手となることが、日本の身近な平和にもつながる。そのためには、海外情勢について知る機会を増やし、紛争がもたらす現実を認識すること、平和構築の担い手を増やすことだ。日本は世界の平和に多額の資金提供をしているのに対し、実務的な専門家や団体が少ないし、個人の支援や参加も限られている。必然的に具体的な政策提言やロビイングも弱くなりがちだ。窓口が政府しかないと、そこでうまくいかなかった時に行き詰まってしまう。個人と行政の間にある距離を埋める役割として、NPOももっと力を発揮していけるし、そのためにこれからも自らの役割を果たしていきたい。

また、この場を借りて、日頃からお世話になっている方々に心から感謝を送りたい。

JCCPの活動を支えてくださっている会員とマンスリーサポーターの皆さま。募金や書き損じハガキなどの寄付にご参加頂いている企業、法人、学校、個人の皆さま。

法人賛助会員であるアサヒグループホールディングス株式会社、株式会社北海道建設会館、横河電機株式会社の皆さま。ご寄付を頂いている日本プロセス株式会社、ユイット株式会社、インターノウス株式会社、マリンフード株式会社、エイボン・プロダクツ株式会社の皆さま。

海外および国内の事業にご支援頂いているドナー機関と助成企業の皆さま。現地の事業で共に活動するパートナー団体の皆さん。

JCCPの役員・理事の皆さん、東京本部事務局と現地代表事務所のスタッフとインターンのみんな。

また、出版のご提案をくださった朝日新聞出版の最初の担当の小柳暁子さん、単行本の執筆を熱意と根気で支え、このたびの文庫化にあたってもプロフェッショナルな仕事ぶりで私を支えてくれた四本倫子さん。そして、田川千晶さん。

最後に、いつも私のことを信頼し応援してくれる家族、そして親戚の皆さん。私の味方であり支えでもある夫と娘へ。
本当にありがとう。

二〇一五年三月十一日

瀬谷ルミ子

解説

日本人だからこそ世界の平和に貢献できる

石井光太

一九九〇年代半ばのアフガニスタンは、まさに戦場と呼ばれる場所だった。神学校の若者たちを中心とするタリバンがパキスタンやアルカイダの支援を受けながら北上をつづけ、首都カブールをついに制圧して政権を握ろうとしていた時代である。あの時代のアフガニスタンが、私が初めて目にした戦場だった。大学一年の時のことである。

町の建物は砲弾を受けて崩れ落ち、焼け焦げた臭いがどこまでも漂い、人影がほとんど見当たらない路上はゴミが散乱して殺伐としていた。所々でカラスの群れが集まっている光景を目にする度に自然と怖気《おぞけ》をふるった。

初めて聞いた砲弾の爆発音は、今でもはっきりと覚えている。テレビや映画とは違い、大地から空気までが地鳴りのように揺れ、そこにあるものが木端微塵《こっぱみじん》に破壊されるのが肌感覚でつたわってきた。その爆音は理性までをも粉々に壊し、脳は恐怖一色に染まって混乱に陥った。

きっと戦場にいる人々はそんな意識で戦火を逃げ惑ったり、銃を乱射したり、殺《さつ》戮《りく》に手を染めたりするのだろう。こうした人たちが何千人、何万人、何十万人と入り乱れているのが戦場なのだ。

それを肌身で感じた時、私は戦争に対して自分の無力さをつきつけられ、直接できることなど何一つないと思った。

だが、本書の著者・瀬谷ルミ子はちがった。私と同じ一九七七年の生まれでありながら、彼女は学生時代に抱いた平和を築き上げる人間になりたいという信念を貫き、アフリカからアジアにいたる世界の戦争に立ち向かっていった。

きっかけは、高校三年の時に新聞に掲載されていた写真だったという。ルワンダの難民キャンプで死にゆく母の体を必死に揺さぶる幼児を写した写真を目にして、「なぜ」という疑問がわき、それが衝動となって彼女を突き動かしたそうだ。

同時代に生きる私には、瀬谷のその気持ちがわかるような気がする。瀬谷が小学生から中学生までの多感な時期を過ごしたのはバブル期とその余韻が残る時代だったはずだ。世界第二位の経済大国となった日本には世界の富があふれかえり、世の大人たちは有頂天になってはしゃいでばかりだった。

一方で、アフリカを中心とする世界ではまさに紛争という地獄絵図が展開されていた。ソ連の崩壊によって共産圏の武器がアフリカ大陸に雪崩れ込み、民族と民族が血で血を洗う残酷な紛争が起きたのだ。最悪の民族紛争の一つが、ルワンダで起きた大虐殺だったのである。

当時の日本人はみな、世界で何が起きていたかを知っていたはずだ。私自身、遺体が累々と連なる映像や、飢え死に寸前の骨と皮だけの子供の写真などを目にした記憶がある。だが、ほとんどの人たちがそれを「遠いアフリカの出来事」と決め付け、またバブル期が再来すると夢見ていた。

本書の中で、瀬谷は自身の家庭がかならずしも裕福ではなく、弟の不幸を体験したことを書き記している。もしかしたらそういう環境ゆえの冷静な目を持っていたからこそ、余計に日本人が世界の紛争に無関心であることや、一部の国で罪のない人たちが死んでいっていることに「なぜ」という思いを強くしたのかもしれない。

瀬谷がいかにしてDDR（兵士の武装解除、動員解除、社会復帰）の専門家となり、国際平和の最前線でどんな活動をしてきたかが本書の一番の醍醐味《だいごみ》だ。アフガニスタンの軍閥の司令官たちに対する武装解除交渉、平和という名の下に交錯する世界の思惑と陰謀、国連という組織としての限界……瀬谷は様々な困難にぶつかりながらも、一つひとつの決断によって大勢の命を救っていく。

だが、ＤＤＲの仕事は必ずしもきれいな正義だけがまかり通るものではない。瀬谷はシエラレオネの北部で体験した出来事を記す。

武装解除のためにある町へ入ったところ、現地住民が瀬谷の前にやってきて恥ずかしげもなくこう言ったという。

「あなた、ＤＤＲの部署の人でしょう？　俺たち、元兵士で、職業訓練を受けたけどその後の生活が苦しくて困ってるんだ。何とかしてくれるでしょう？」

紛争の被害者は未だに悲しみを抱えたまま貧困のどん底であえいでいる。だが、元兵士たちは、加害者であることを打ち明ければＤＤＲのプログラムによって支援を受けて生活を支えてもらえるのだ。ＤＤＲの支援は、いつしか加害者を助けるものになっていたのである。

人は何かしら志を持って現場へ足を踏み入れた時、世界の多面性という名の矛盾にぶつかるものだ。

私自身、別の国で、元兵士であるがゆえに職業訓練を受けて商売をはじめて社会的に成功した人間に出会ったことがある。あるいは、平和のために恨み合いをやめようという方針のせいで、家族を皆殺しにされた者が、加害者のすぐ隣で恐怖と憎悪に打ち震えながら暮らさなければならなくなったのを知っている。それらもまた平和が生み出した一つの矛盾だろう。

瀬谷はこう書いている。

「日本には、当たり前のようにある『平和』という状況を、紛争地の人々は、我が身を削りながら、少しずつ積み上げて創り上げている」

我が身を削ることが、どれだけつらいことか、悲しいことか、悔しいことか。

瀬谷はそれを紛争の現場で見聞きしてきたはずだ。だからこそ、DDRの活動が時として矛盾を生むことになっても、なんとかその国に平和を築き上げたいと考えているにちがいない。彼女にとってそれがまさにすべての原動力になっているのではないか。

本書の最終章で、瀬谷は今の日本は世界の紛争と決して無縁ではないと記している。戦争が国家間のものではなく、国境を越えたテロ戦争となったことで、日本人も遠い国の紛争に巻き込まれる危険は十分あるのだ、と。

この解説を書いている二〇一五年三月には、まさにそれを示すかのようなIS

（イスラム国）による日本人殺害事件が引き起こされたばかりだ。また、二〇一三年にはアルジェリアの天然ガス関連施設で十人の日本人が殺害されている。

だが、瀬谷によれば、こうした時代において日本人の役割は大きいという。日本人は今こそ世界に示すべき、価値ある歴史を持っているのだ、と。それは、かつて日本が太平洋戦争に敗北したものの、見渡す限りの焼け野原から世界の経済大国までのぼりつめた歴史である。

私はそれを読み、思わず先日エジプトで『はだしのゲン』を翻訳した学者にインタビューをした時のことを思い出した。彼はこう語っていた。

「世界の紛争地では憎しみ合うことが当たり前です。だから戦争が終わらない。けど、『はだしのゲン』に描かれている日本人は、連合国を憎むことを止め、平和と発展に目を向けて歩き出すことを選びました。それは世界の紛争地の人々にとっては新しい方法なのです」

戦後の日本は、たしかに平和と発展のために憎しみ合うことを止めた。そこには瀬谷が言うような「我が身を削るような痛み」があったにちがいないが、当時の日本人は歯を食いしばって耐え抜いて、不断の努力によって平和と発展を手に入れたのだ。その誇るべき歴史は、きっと紛争国で前途が見いだせずもがいている人々に光を指し示すことになるのではないだろうか。

今、瀬谷は日本紛争予防センターの理事長という立場で、日本から世界の平和を構築する仕事に取り組んでいる。国連でもなく、海外NGOでもなく、日本人が世界の平和に貢献できるということを示そうとしているのだ。

私は同じ日本にそういう人がいることを誇らしく思っているし、日本からそうした若者が一人でも多く現れてほしいと願っている。本書は、そのための貴重な道しるべとなるだろう。

（いしい　こうた／作家）

職業《しょくぎょう》は武装解除《ぶそうかいじょ》　朝日文庫

2015年5月30日　第1刷発行
2023年6月30日　第4刷発行

著　者　瀬谷《せや》ルミ子《こ》

発行者　宇都宮健太朗
発行所　朝日新聞出版
〒104-8011　東京都中央区築地5-3-2
電話　03-5541-8832（編集）
03-5540-7793（販売）
印刷製本　大日本印刷株式会社

Published in Japan by Asahi Shimbun Publications Inc.
定価はカバーに表示してあります

ISBN978-4-02-261828-3
落丁·乱丁の場合は弊社業務部（電話03-5540-7800）へご連絡ください。
送料弊社負担にてお取り替えいたします。